明代登科錄彙編四

應天府鄉試錄序

弘治五年七月戊寅
上命右諭德臣鏊洗馬臣傑考應
天府鄉試壬午
陛辭
賜膳遂行八月癸卯抵府治乙
巳燕府治遂入鎖院百執事

具在時士之就試者二千三百餘人三試之如故事而加嚴別去取差高下手披目閱口誦心惟晝夜罔懈自乙巳迄丙寅凡二十二日揭榜得士凡一百三十五人第其姓名及文之可錄者為一編曰

應天府鄉試録 臣鏊謹序其

首曰人才盛衰係乎時者也禹貢揚州田維下下周禮東南不在五服列春秋之初不見於經漢晉以來東南人物見於載籍亦略可數數百年来地輿時升運隨世轉東南

財賦遂甲天下而人才隨之
蓋自唐中葉則然至我
太祖遂起南服以混一海內東南
諸郡進爲畿甸天地氣化之
潛儲
聖神治化之首被往往稱雄於天
下者不獨財賦而已也治道

之升降觀於人才知之人才
之盛衰觀於文章知之三代
之文見於經者至矣漢之文
盛於武宣之世唐盛於元和
宋盛於嘉祐治平間蓋皆立
國百年海寓寧謐人興於文
則有若董仲舒司馬遷相如

韓愈柳宗元歐陽脩蘇軾曾鞏輩人間出雖不能無高下純駁而能各成一家之言聳一代之盛

令天下承平百二十五年干戈韜戢禮樂洽敷學校徧於海隅士自三代以下則恥言之

易所謂聖人久於其道而天下化成之時乎是故人才以

京畿爲盛而

京畿又以今日爲盛也固宜有異才焉出於其間臣之淺陋不能盡識恐懼殞越無以稱

明詔委任然古所謂公無私者臣

不佞竊以爲近之場屋提調

則府尹 臣瑩 府丞 臣綺 同考

試則教授 臣珙 臣詠 臣寧 學

正 臣緯 臣章 教諭 臣恩忠 訓導

臣傑 監試則監察御史 臣鸞

臣立之 餘具列如左

奉訓大夫右春坊右諭德 [illegible]

鏊謹序

弘治五年應天府鄉試

提調官

應天府府尹樊瑩 廷璧浙江常山縣人 甲申進士

應天府府丞龔綺 文華直隸寶應縣人 己丑進士

考試官

奉訓大夫右春坊右諭德王鏊 濟之直隸吳縣人 乙未進士

奉訓大夫司經局洗馬楊傑 廷俊山西平定州人 戊戌進士

同考試官

孔顏孟三氏子孫教授司教授王玭 廷瑞山西稷山縣人 甲午貢士

浙江台州府儒學教授吳詠　思文福建莆田縣人　戊子貢士

江西袁州府儒學教授袁寧　嘉靖浙江天台縣人　壬午貢士

山東濟南府武定州儒學學正鄭緯　克經江西新淦縣人　丙午貢士

河南汝寧府信陽州儒學學正阮章　襲之湖廣麻城縣人　庚子貢士

直隸保定府蠡縣儒學教諭張思忠　誠之陝西涇陽縣人　丙午貢士

福建延平府儒學訓導胡傑　堯卿浙江餘姚縣人　丁酉貢士

監試官

南京江西道監察御史馮鸞　應韶山西太平縣人　甲辰進士

南京廣東道監察御史莫立之　斯立浙江錢塘縣人　辛丑進士

收掌試卷官

應天府通判范昌齡 大冲浙江天台縣人 丁酉貢士

印卷官

應天府通判劉奎 幹齋順天府昌平縣人 甲午貢士

應天府推官褚昇 文旭浙江山陰縣人 乙未進士

受卷官

南京府軍後衛經歷司經歷劉瀾 巍之四川瀘州人 監生

南京留守右衛經歷司經歷馮暉 文蔚廣西貴縣人 監生

彌封官

直隷寧國府宣城縣知縣方溢 文焯廣西柳城縣人 丁未進士

應天府句容縣知縣王僖 大和浙江長興縣人 戊子貢士

謄錄官

直隷丹徒縣知縣李浯 汝舟直隷故城縣人 辛丑進士

應天府溧水縣知縣曾玉 廷佩山東嘉祥縣人 戊戌進士

對讀官

南京金吾前衛經歷司經歷王瓏 用和湖廣長沙縣人 監生

南京錦衣左衛經歷司經歷李思邦 起仲四川簡縣人 監生

[illegible]官

昭勇將軍南京留守後衛指揮使許英 天秀應天府[illegible]縣人

懷遠將軍南京鷹揚衛指揮同知黑亮 克明大[illegible]欒州人

搜檢官

南京留守前衛正千戶馬震 孟啓直隸武進縣人

南京留守左衛副千戶温德 以仁湖廣蘄州人

南京留守中衛百戶朱雲 漢章直隸華亭縣人

南京留守後衛百戶堵璽 廷實直隸無錫縣人

供給官

應天府經歷司經歷杜伏鏞 廷器四川成都前衛人 監生

應天府經歷司知事王仲元 希仁山東蒲臺縣人 監生

應天府江寧縣知縣朱宗 子因河南睢州人 戊子貢士

應天府上元縣縣丞袁龍 彝臣直隸合肥縣人 監生

應天府上元縣主簿呂瑋 國器廣西鬱林中衛官籍 壬午貢士

應天府江寧縣主簿劉淵 際之四川閬中縣人 監生

應天府上元縣典史詹哲 允濟浙江江山縣人 吏員

應天府江寧縣典史晏昊 仲寬湖廣麻城縣人 吏員

第壹場

四書

邦有道危言危行

郊社之禮所以事上帝也宗廟之禮所以祀乎其先也明乎郊社之禮禘嘗之義治國其如示諸掌乎

恭敬者幣之未將者也

易

知終終之可與存義也

聖人感人心而天下和平
夫易聖人所以崇德而廣業也
聖人之大寶曰位何以守位曰仁何以聚
人曰財理財正辭禁民爲非曰義

書

欽哉愼乃有位敬脩其可願
禹敷土隨山刊木奠高山大川
爰立作相王置諸其左右
天休滋至惟時二人弗戡其汝克敬德明

我俊民

詩

無已大康職思其外

湛湛露斯在彼豐草厭厭夜飲在宗載考

恒之秬秠是穫是畝恒之穈芑是任是負

以歸肇祀誕我祀如何或舂或揄或

簸或蹂釋之叟叟烝之浮浮載謀載

惟取蕭祭脂取羝以軷載燔載烈以

興嗣歲卬盛于豆于豆于登其香始

升上帝居歆胡臭亶時后稷肇祀庶

無罪悔以迄于今

湯降不遲聖敬日躋昭假遲遲上帝是祗

春秋

鄭伯以璧假許田 桓公元年

齊侯宋人陳人蔡人邾人會于北杏 莊公十三年

滕子來朝 桓公二年 杞子來朝 僖公二十七年

公會楚公子嬰齊于蜀 成公二年

禮記

大傅審父子君臣之道以示之少傅奉世子以觀大傅之德行而審喻之大傅在前少傅在後入則有保出則有師是以教喻而德成也師也者教之以事而喻諸德者也保也者慎其身以輔翼之而歸諸道者也

五色成文而不亂八風從律而不姦

君行此三者則愾乎天下矣大王之道也

如此則國家順矣

五法已施故聖人服之故規矩取其無私繩取其直權衡取其平故先王貴之故可以為文可以為武可以擯相可以治軍旅

第貳場

論

三聖相授守一道

詔誥表 内科一道

擬漢除田之租稅詔 文帝十三年

擬唐以宋璟爲西京留守誥 開元四年

擬

郊祀禮成群臣

賀表

判語 五條

舉用有過官吏

講讀律令

不操練軍士

官司出入人罪

失時不修隄防

第叁場

策五道

問自古家法之正國勢之強未有如我

朝者蓋自

太祖肇造華夏

睿謨

神憲無一日而不存乎天下規模宏遠法制

周密是故前代儲副多不素定今
監國守藩禮別分明國本定矣前代宮闈多
不嚴肅今
法宮九重內言不出外言不入內則嚴矣前
代視朝多以隻日或至曠日不視今早
朝罔間午朝時舉視政勤矣
宗親朝見外用君臣內行家人禮恩義備矣
勲戚貴家保始全終不假政柄待親之
禮厚矣去中書省分六部無內重之憂

也革行中書省設兩司無外重之弊也言路委於科道而邪佞有畏兵政分於府部而姦宄不容科貢有正途而雜流不得混稅糧有定額而横政不得施服室器用有等差元人僭侈之俗變矣表箋章疏有程式宋世彌文之弊省矣式克至今天下承平百餘年三邊無警海内晏然東夷朝鮮時節貢獻自比外藩北夷酋長投戈獻馬屈膝在

庭海外諸夷自相侵伐尺書朝下兩師夕解
威德所及廣矣大矣敢問諸士行何道
以及此而欲保此盛於億萬年何所修
爲而可

問君人者致治保邦也必薦賢爲用而文
武兼資故舜用五人武用十人不知當
時何途以進抑不知其職文武者誰氏
其體統之嚴得人之盛冠絕千古後世
之君未嘗不薦賢以爲用也於文有守

法勿失專尚清靖者有守正不阿御覽
殊獲者有從容咨問薄午始退者於武
有設壇具禮裂土而王者有名藏太廟
中興第一者有中興一事一以委之者
其舉用之規得人之效無可述者何歟
我
國家
祖宗以來文武並用文則取於科目武則取於
蔭襲得人成治比隆於古者今

皇上惟欲得賢材以隆治本比者下薦舉之
詔自公卿以至科道俾各舉所知文則備方
面武則儲將才所舉不職連坐舉主其
法美矣而奉行者則有司之任也伊欲
為有司者舉薦周遐所舉者皆副其賢
用人歸一而所用者必至於精是必有
通融之術矣
問昔人有言痛乎風俗之移人也相噓而
為風相染而為俗相噓相染舉一世之

人靡然從之而不自覺當是時也有能挺拔流輩自奮不顧非所謂豪傑者耶請借歷代論之秦以暴虐亡漢興矯之一時之人寬厚長者恥言人過而其弊也習為謟諛以成符命之僭東漢矯之一時之人名節相高爭持風裁而其弊也互相標榜以成黨錮之禍魏晉又矯之清談勝而政事墮唐承六朝之習浮華勝而名撿衰宋自興國以後風俗似

西漢慶曆以後似東漢之初南渡則彌
下矣當漢晉唐宋之時能自奮於流俗
者幾人
國朝經學明清議嚴寬厚者持大體矯厲者
尚風節風俗之美前代莫及近年以来
乃似稍異吾恐靡靡然日趍於同而莫
之返也茲欲挽而回之於中正持重而
不隨節義而不激若何而可諸士子其
必有以處此也

問今天下財賦出於東南而漕輸以北乘輿之奉百官之祿六軍之糧多賴焉重可知也然仍歲以來水旱爲虐東南數郡渺然巨浸而濟寧上下河欲生塵是果天數乎抑人事也蓋嘗攷之地理詢之父老乃知東南之水太湖之溢也北河之涸黃河之徙也其果然乎然黃河之徙不獨有涸流之患而青徐一帶又有漂溺之憂故

朝廷方遣官治之而東南未之聞焉不知二
者孰重孰急乎夫東南之水單鍔論之
詳而
國朝夏忠靖嘗治之黃河利害古人之論尤
多而
國朝宋學士亦嘗論之其有可舉而行者乎
茲欲效古人水利之學立久遠之計使
東南雖兩而不潦北河雖旱而不涸黃
河雖徙而無漂溺之憂庶所謂一勞永

邇者思其術而未得也願以告我

問夷狄爲中國患其來久矣惟在御之得策而已昔人言御戎者無論數家如賈誼鼂錯何承天蕭正則之流是已酌其言訂爲本末幾權則御戎良策可次第而行之帝王以來爰有夷狄不能爲患迨漢唐宋之君雖能臣虜於全盛之日其受患於虜勢滋蔓之時亦已多矣是果所謂良策者有未究否歟我

太祖高皇帝天戈一揮虜君北遁
太宗文皇帝親率六師掃清漠北
列聖相承虜皆帖息
皇上御極以来頻年修貢邊陲載寧則武事若可緩矣但紛然之務恒藏於細微卒然之變或出於意外況虜人之不情者乎是以
皇上處實若虛方詢群策以為預防之具也其遠猷宏議之下豈無一二可言者乎諸

生文事之餘而武事必嘗究心矣毋謏
曰軍旅之事孔子猶未之學而況學孔
者

中式舉人一百三十五名

第一名顧清　華亭縣學生　書

第二名吳璲　揚州府學生　易

第三名吳大有　應天府學生　書

第四名何恍　松江府學增廣生　春秋

第五名張弘至　華亭縣學生　禮記

第六名華杲　無錫縣學生　詩

第七名顧伯謙　鳳陽府學增廣生　易

第八名龍霓　應天府學生　書

第九名李嘉祥　池州府學生　詩

第十名于鏊　滁州學生　易

第十一名戴銑　婺源縣學生　書

第十二名張復禮　蘇州府學生　易

第十三名胡宗海　通州學生　詩

第十四名胡爟　蕪湖縣學生　易

第十五名趙經　松江府學增廣生　書

第十六名王格　靖江縣學生　詩

第十七名安金　江都縣學增廣生　易

第十八名華夫　無錫縣學生　書

第十九名莫驥　無錫縣學生　詩

第二十名王濟　鎮江府學生　易

第二十一名張芝　徽州府學增廣生　春秋

第二十二名蘇霑　清河縣學生　詩

第二十三名黃祥　合肥縣學生　書

第二十四名錢榮　無錫縣學生　詩

第二十五名周在　崑山縣學生　易

第二十六名夏從壽　常州府學生　詩

第二十七名鄒琥　廬州府學生　書

第二十八名宋臣　松江府學增廣生　詩

第二十九名盛應期　蘇州府學生　易

第三十名鄒韶　常熟縣學生　詩

第三十一名許陳謨　鹽城縣學生　禮記

第三十二名陳符　宜興縣人監生　詩

第三十三名趙鶴　江都縣學生　易

第三十四名陳彝　崑山縣學增廣生　書

第三十五名李仁　歙縣學生　詩
第三十六名程杲　祁門縣學增廣生　春秋
第三十七名陳孜　南陵縣學生　詩
第三十八名白金　常州府學生　易
第三十九名曹閎　松江府學增廣生　詩
第四十名郭[illegible]　長洲縣學生　書
第四十一名徐蕃　泰州學生　詩
第四十二名吳龍　蘇州府學生　易
第四十三名辛銘　無錫縣人監生　書

第四十四名	吳宗周	寧國府學生	詩
第四十五名	夏璪	常州府學生	書
第四十六名	劉桐	蘇州府學生	易
第四十七名	陸伸	崑山縣學增廣生	詩
第四十八名	王德	無錫縣學增廣生	書
第四十九名	薛金	常州府學生	詩
第五十名	程材	徽州府學生	禮記
第五十一名	曹時信	松江府學生	書
第五十二名	吳夔	浙江西安縣人監生	易

第五十三名王賢　海州學生　書
第五十四名顧綸　嘉定縣學生　詩
第五十五名張拱　寶應縣學增廣生　書
第五十六名潘衡　婺源縣學增廣生　易
第五十七名張霆　上海縣學生　詩
第五十八名程忠顯　徽州府學生　春秋
第五十九名顧梗　常熟縣學增廣生　詩
第六十名李熙　應天府學增廣生　書
第六十一名李儀　應天府學增廣生　易

第六十二名范岡　南陵縣學生　詩

第六十三名錢孳玉　無錫縣學增廣生　書

第六十四名王軏　揚州府學增廣生　易

第六十五名邢珣　當塗縣學生　詩

第六十六名陳柜　廣德州學生　禮記

第六十七名陳濟　儀真縣學生　詩

第六十八名趙遐齡　武進縣人監生　易

第六十九名徐冠　涇縣學生　詩

第七十名錢祚　華亭縣學增廣生　書

第七十一名顧達　常熟縣學生　詩
第七十二名唐誥　徽州府學生　春秋
第七十三名李樟　潛山縣學生　詩
第七十四名丁容　應天府學生　易
第七十五名劉麟　京衛武學生　詩
第七十六名張憲　京衛武學生　書
第七十七名夏寅　廬江縣學生　詩
第七十八名周倫　崑山縣學生　易
第七十九名朱杲　江陰縣人監生　書

第八十名李重　金吾後衛儒士　詩

第八十一名王翊　穎上縣學生　書

第八十二名郎清　應天府學增廣生　易

第八十三名顧守元　常熟縣人監生　詩

第八十四名耿弘　廣德州學生　禮記

第八十五名李杲　宜興縣學生　書

第八十六名王相　句容縣學生　詩

第八十七名朱堂　吳縣學增廣生　易

第八十八名江文奎　旌德縣學生　詩

第八十九名張憲　揚州府學生　書

第九十名談一鳳　無錫縣學增廣生　詩

第九十一名蕭貴　營繕所匠　書

第九十二名王頔　寶應縣學生　易

第九十三名連憲　常熟縣學生　詩

第九十四名趙松　上海縣學生　書

第九十五名徐賢　涇縣人監生　詩

第九十六名王瓚　丹徒縣學生　易

第九十七名施學古　浙江安吉縣人監生　春秋

第九十八名陳謐　上元縣儒士　書

第九十九名鄭諫　應天府學生　詩

第一百名孫繹　來安縣學生　禮記

第一百一名夏曆　高郵州學生　詩

第一百二名張棨　丹徒縣學生　易

第一百三名陳清　蕪湖縣學生　詩

第一百四名蔡哲　宜興縣學生　書

第一百五名王纘祖　宜興縣學增廣生　詩

第一百六名宗悌　太倉衛學武生　易

第一百七名	程轍	歙縣學增廣生	詩
第一百八名	周璽	廬州府學生	書
第一百九名	黃明	華亭縣學增廣生	詩
第一百十名	張朝儀	長洲縣學生	易
第一百十一名	方欽	巢縣學生	詩
第一百十二名	程隆	徽州府學生	春秋
第一百十三名	徐環	望江縣學生	書
第一百十四名	胡獻	興化縣學增廣生	詩
第一百十五名	祝允明	蘇州府學生	易

第一百一十六名夏梁　高郵州學生　詩

第一百一十七名秦鎰　無錫縣學增廣生　書

第一百一十八名王緒　應天府學生　易

第一百一十九名宗璽　建平縣學生　詩

第一百二十名江瑄　徽州府學生　禮記

第一百二十一名呂元夫　無錫縣學增廣生　書

第一百二十二名嚴桂　無錫縣學增廣生　詩

第一百二十三名皇甫錄　蘇州府學生　易

第一百二十四名陳林　鎮海衛學軍生　詩

第一百二十五名	樊光世	合肥縣學生	書
第一百二十六名	陸隆恩	常熟縣學增廣生	詩
第一百二十七名	李問	應天府學生	易
第一百二十八名	張湖	巢縣學生	詩
第一百二十九名	汪天民	婺源縣學生	春秋
第一百三十名	張翀	泰興縣學生	詩
第一百三十一名	章洸	常熟縣學增廣生	書
第一百三十二名	杭濟	宜興縣學生	詩
第一百三十三名	汪允厚	婺源縣學生	詩

第一百三十四名胡蒙　祁門縣學生　禮記

第一百三十五名撒鑾　應天府學軍生　詩

第壹場

四書

邦有道危言危行

顧倩

同考試官教授袁 批

抒書出題本自平易作者難之此篇體格親切詞調諧叶刻錄以示式

同考試官教授吳 批

理明詞暢說出士髓有道氣象宛然在目

考試官洗馬楊 批

意足而辭氣煒然非

他卷可及

考試官右諭德王　批　形容兩危字甚親切

天下之治道方隆君子之直道斯顯蓋世隆則道從而隆也君子處此言行有不遂其直者哉昔聖人之意謂夫所貴乎君子者有特立不變之操有相時而動之宜是故在上者維明明之后在下者多休休之臣世道清明見於刑賞予奪者皆公平正大之體正君子向用之時也朝綱振肅列於前後左右者無險陂側媚之私正

陽德方亨之候也邦之有道如此居是邦也言焉而不盡行焉而不伸不有負於時乎蓋君子之於言也固有或默之時而邦有道則無所俟於默者故理有當言則必言面折庭諍侃然正論之不屈事關利害有舉世所不敢言而獨言之幾伏隱微有舉世所不能言而獨言之入以告於君出以語於人一皆忠義之激發言非沽直也時可以直而直也君子之於行也固無可貶之時而邦有道又無所待於貶者故義所當

行則必行秉道嫉邪挺然勁氣之不回非其義也一介不以與人一介不以取諸人如其義也一家非之而不顧一國非之而不顧上以事乎君下以持乎身一皆行義之峻潔行非求異也時可以直而直也君子之處世如此則世道之隆豈非吾道之泰乎雖然君子之言行非有意於危自畀者視之見其危也然言有時而孫何哉蓋行無時而變持身之道也言有時而孫保身之道也士而至於保身豈盛世之所宜有哉

古人有言願爲良臣無爲忠臣人臣愛君之心類如此

郊社之禮所以事上帝也宗廟之禮所以祀乎其先也明乎郊社之禮禘嘗之義治國其如示諸掌乎

吳大有

同考試官教諭張　批　此題作者率多晦澁今人厭觀此篇理到詞新一洗陳腐錄之宜矣

同考試官教授王　批　詞理精到是宜錄出

考試官洗馬楊　批　明暢

考試官右諭德王　批　說神人合一處理致可觀

前聖制祀禮而所事殊後人明祀禮而治道寓蓋事神治人其理一也聖人所制祭祀之禮而人能明之則治道有不易見也哉中庸十九章引孔子贊武王周公之達孝而言其所制祭祀之禮及此意謂冬至有事於圜丘夏至有事於方澤此郊社之禮也是豈祝嘏於天哉蓋以天施地生而功成乎萬物于焉事之則尊所尊而

盡報本反始之義焉五年一禘三月一嘗此宗廟之禮也是豈礫禳於祖哉蓋以祖功宗德而施及乎後人于焉事之則親所親而盡報本追遠之誠焉郊也社也其禮則至微而難明也人能洞此禮於毫芒則所謂聖人為能享帝而與天為一者也禘也嘗也其義則至遠而難知也人能燭此義於纖悉則所謂孝子為能享親而與親為一者也彼一國之中有萬民焉神此心也民此心也吾能以此心而格神必能以此心

而格民此治人之理爲易見者有萬物焉神此心也物此心也吾能以此心而感神必能以此心而感物此治物之理無難知者信乎其如視諸掌矣然則事神治人之理夫豈二哉抑此則孔子稱武王周公之達孝前二章稱舜之大孝及文武周公之事皆由庸行之常推之以至其極見道之用廣也而其所以然者則至隱存焉道之不可離也在是矣後之欲體道以希聖人者可深求哉尚無惑於庸行

恭敬者幣之未將者也

顧伯謙

同考試官學正鄭　批　題本難作場中率爲所窘此篇說出孟子曉時人之意出人意表一結尤覺有味

考試官洗馬楊　批　發明禮之情文本末甚是分曉

考試官右諭德王　批　出新腴於枯瘦殆亦難能矣

尚論禮之本然存於文之未然蓋禮存乎中而發乎外者也人徒知幣帛之爲恭敬而不知幣帛之先有恭敬焉是豈知禮者乎孟子因當時諸侯不知恭敬之實故言此曉之意謂恭敬一也有恭敬之實焉有恭敬之文焉諸侯之禮賢也郊迎則用幣承筐是將而玉帛之交錯曰吾之恭也人亦曰恭也不知恭之實有不在於是焉饗食則用幣旅幣無方而玄纁之稠疊曰吾之敬也人亦曰敬也不知敬之實有不在於是

焉然則恭敬果何在乎在乎幣帛未將之先而已具矣人之於賢也仰其道德之光而謙抑卑遜之心生焉所謂恭也恭雖在心而無幣以將之則恭泯於無形何以自達於賢者乎故必玉帛是將而謙抑卑遜之心以顯恭在先者也幣在後者也恭豈待玉帛而後有哉仰其才猷之盛而欽翼祇慄之心生焉所謂敬也敬雖在心而無儀以將之則泯於無跡何以自表於賢者乎故必玄纁是奉而欽翼祇慄之心以著敬在

內者也幣在外者也敬豈待玄纁而後有哉謂
恭敬不在幣帛固不可謂恭敬止於幣帛尤不
可先後本末之序則必有分矣抑考戰國之時
上下交騖於利非獨諸侯不知待賢之禮而當
時號為賢者亦自莫知所謂恭敬者如蘇秦誇
佩印之榮騶衍矜擁篲之飾而亦何暇計其實
乎然則孟子之言非獨爲諸侯發也

易

夫易聖人所以崇德而廣業也

吳遜

同考試官學正鄭　批　崇德廣業本義具明篇中作者或以聖人作易或以聖人用易間有知者又窘於詞此篇造理精深筆力高古是宜錄出

考試官洗馬楊　批　講崇廣二字瑩徹

考試官右諭德王　批　以聖人體易立說良是

天下之理具於易聖人之學資乎易蓋天下之理莫有出於易者矣聖人德之崇業之廣得不有賴於是乎昔者聖人之作易也有卦焉以極

天下之賾有爻焉以鼓天下之動與之而為天地鬼神微之而為道德性命罔不具焉易之為書如此聖人有作其能舍是易乎且德至聖人若無待於崇矣而崇之則在乎易業至聖人若無待乎廣矣而廣之亦在乎易理得於心謂之德德欲其崇也必居則觀其象而玩其辭察造化之與吉凶消長皆有以研其幾究性理之微進退存亡皆有以極其妙如此則知識高明理之得於心者日以崇矣德之崇也不在於易乎

理見於事之謂業業欲其廣也必動則觀其變而玩其占察造化之奥視吉凶消長以為變化順性理之微視進退存亡以為功用如是則踐履篤實理之見於事者日以廣矣業之廣也不在於易乎聖人内外之學無不資乎易如此此易之所以為至也歟雖然易書之理豈但為聖人德業之資賢人體之則德可久業可大又豈但為賢人德業之資凡人體之則志以通務以成疑以斷由是引而伸之體驗之不已則可由

賢而入聖易豈直卜筮之書乎此亦聖人作易之意也

聖人之大寶曰位何以守位曰仁何以聚人曰財理財正辭禁民爲非曰義

顧伯謙

同考試官學正鄭　批

題本平易但作者不失之泛則失之枯此篇理明辭達說出聖位天德顯然可仰

考試官洗馬楊　批

體貼聖人功業得出必深於易者

考試官右諭德王　批：易義潔淨不當如是耶

論聖人履天下之至貴必推其所以保之之要道蓋天位至重也聖人有之而務道保之其功業盛矣昔吾夫子之作大傳意謂聖人亦有寶乎常人之寶在乎寶而聖人之大寶在乎位使聖人而不當君人之位則亦不能盡理物之責是故天之生聖人不徒厚之以德又必作之君作之師而履九五之尊出乎震見乎離而饗四海之奉所以參贊天地者在是所以宰制海宇

者在是不謂之大寶可乎然是寶也得之固難而保之尤難保之者果何以乎曰人而已蓋民爲邦本所謂得衆則得國失衆則失國保之非以人乎保位在乎人也欲人之聚果何以乎曰財而已蓋財爲民命所謂財聚則民散財散則民聚聚之非以財乎利之所在不可無義以制之蓋財聚則有爭必節以制度爾爲爾我爲我而爭奪之患息焉人聚則有訟必聽以中正是曰是非曰非而獄訟之辭息焉財理矣辭正矣

而猶有梗化者焉則明罰勑法使不得以亂取舍折獄致刑使不得以混名實所謂義也義立而財豐財豐而民聚民聚而位安聖人功業之盛有如是哉抑又論之有聖人之位而無聖人之德則無操縱之本有聖人之德而無聖人之位則無操縱之柄此位之所以為大寶也故曰作禮樂者必聖人在天子之位

書

禹敷土隨山刊木奠高山大川

吳大有

同考試官教諭張　批　禹貢一題蔡傳自明場
中作者多外說此作體認真切措詞簡鍊蓋有得於
虞夏書治者

同考試官教授王　批　大禹治水之要作者
率能言之求其筆力高古僅見此篇是宜錄之以為
後學矜式

考試官洗馬楊　批　形容虞史紀事之意極精微

考試官右諭德王　批　大禹治水之要發揚盡矣

史臣述聖人治水之要以見成功之所自也夫事必有要則施功有序也聖人治水有之何莫而非行其所無事也哉在昔洪水橫流區域莫辯禹也治之有其要焉是故九州不分則施功無次矣故王畿之地分爲冀州王畿之外爲兗青徐揚焉爲荊豫梁雍焉兗最下治之當急雍最高治之可緩分州者固禹治水之要也九山不刊施功無路矣然水固有出於山者亦有依於山者山勢有險夷焉隨之以相其便宜林木

有蔽障焉除之以通其道路于以疏其流使有所歸于以濬其源使無所壅通道者又禹治水之要也若夫州境不別則紀綱不定治功不有時而紊乎故九州之境有高山焉定以為界若青之岱岳是已曰荊衡曰華陽皆以次而定之則高有所表而隨山之功可稽矣有大川焉定以為限若兗之濟河是已曰淮海曰西河皆以類而別之則卑有所識而濬川之功就緒矣禹治水之要見於定紀綱者又如是哉史臣首述

之所以表著其施功之序與夫成功之自也歟
抑論堯舜時值天地始衰之數斯人墊溺也極
矣不有大智誰為理之禹生於時是天有意於
斯人大智之責禹不得而辭者是以八年於外
水患悉平而萬世永賴其日夜焦勞之心本末
先後之序史以三言槩之無間然者禹功圖曰
神矣史筆不曰良可乎
天休滋至惟時二人弗戢其波克敬德明
我俊民

龍霓

同考試官教諭張　批　題本冠冕人自難之理致明詞格整如此篇者不多得也

同考試官教授王　批　此題難於體認作者多蹈襲陳言殊失本旨惟此篇析理詳明措辭嚴正周公挽留召公之意宛然在目必究心於本領之學者

考試官洗馬楊　批　曲盡周召去留本意見淺者不能道此

考試官右諭德王　批　周召二公心事此篇具之

大臣之留同列既採其有天眷難勝之心復勉其盡天眷能勝之責失天眷勝之固難修德薦賢勝之則易也大臣因同列欲去得不採其心而勉留哉想周公之意謂夫王業之成在我二人君必繫我之言矣其心亦豈不曰我周受天之命而貴為天子休孰加焉但其至也愈隆而愈盛不啻雨露之沾濡也荷天之寵而富有四海休孰尚焉但其来也寖明而寖昌不啻江河之灌溉也今在廷之臣惟是二人際遇三朝寵

已盛矣非不欲竭心報稱也自量焉將不能負
荷乎鴻休顛隮之患其能免乎位列三公權已
隆矣非不欲委身夾輔也自分焉將不能承載
乎凝命負乘之譏誰其恕乎此君心所以懼而
欲去也君若懼而去之孰若勉而留之是故惟
德可以動天也大德不累君已有之當益守乎
慎德之明訓夙夜惟勤儼乎天監之在上厥德
疾敬君已能之當益操乎旅王之初心動靜交
謹凜乎上帝之臨女如此則已德修矣惟賢可

以事天也已登俊德不必揚也草莽之間有天
民焉明揚于上于以居天位而亮天工已用常
人不必達也閭閻之下有帝臣焉顯達于朝于
以食天祿而理天事如此則賢材薦矣夫修德
則以已事天薦賢則以人事天大臣之職業以
盡滋至之天休以眷惴惴去為豈其時乎雖然
召公翹然求退者非忘君也為國而去國忠也
周公眷然挽留者非昵友也為國而留亦忠也
厥後召公果留功加再世是雖召之許留亦由

周之善留也古之老臣進退有係於人國者如此後之為大臣者亦可監也

詩

湛湛露斯在彼豐草厭厭夜飲在宗載考

華景

同考試官教授袁　批　作者只知在宗之義觀此篇獨於夜字上發明詞氣藹然猶可想見國家之盛

同考試官教授吳　批　詞豐意足形容有周

君臣相與之至情宛然如在當時而目擊其事者也

考試官洗馬楊　批　所作得詩人之微婉趣讀之令人心融

考試官右諭德王　批　一時君臣夜飲氣象可畫

詩人即天澤之厚被於物興君恩之厚洽於臣甚矣周家君臣相與之深也蓋禮行於夜而成於寢其情之親也何如哉此亦天子燕諸侯之詩其托興之意若曰降於天者為露露則湛湛然而盛生於地者為草草則菁菁然而豐露之

施罔無擇於物也而在豐草爲多以其有以取之也草之生罔不祈於天也而得湛露爲厚以其有以承之也夫湛湛露斯則在彼豐草矣而厭厭夜飲果何在乎在乎宗室之中耳想其旦晝之間燕禮蓋嘗行矣而務之方殷情猶未足也於是乎有私燕而行於清夜之時焉殿陛之上燕禮罔嘗行矣而分之孔嚴情猶未洽也於是乎有夜燕而張於路寢之中焉夫以夜燕之禮成於路寢之中燭影輝輝機務息矣斯時也

君臣更獻夜靜而無譁厭厭然其安安而又久也路寢沉沉人聲寂矣斯際也上下交懽夜深而未罷厭厭然其久久而又足也君臣之際有如賓友之相忘俎筵之閒有如家庭之無間一時君臣氣象如是哉雖然君臣之分亦嚴矣周家燕臣以夜得無過乎以齊桓之臣猶曰臣卜其晝未卜其夜蓋古之明王所以待臣者至矣在易乾下坤上爲泰此正上下交而爲泰之時也與後世長夜之飲異矣

湯降不遲聖敬日躋昭假遲遲上帝是祗

顧清

同考試官教授袁　批　成湯生之時德之盛
形容殆盡閱卷至此心目爲之爽然

同考試官教授吳　批　形容成湯所以興
王業詞春容而意宛轉無刻削之態本房之冠
其有所歸矣

考試官洗馬楊　批　講成湯敬天之意明甚

考試官右諭德王　批　寫得日躋的意思出

聖人之生應乎天聖人之德純乎天蓋聖人之
興非偶然也其生也其德也無不合乎天者此
湯之所以與天命會也歟昔商人祫祭宗廟至
此則言湯之所以成王業者意謂啓人者天應
天者人天人之間有幾焉使湯先是而生則天
命未集未可也湯也應五百之期爲時而出正
夏商交際之間後是而生則天命既訖不可也
湯也協三靈之望如幾而降正天人會合之際
天之生湯如此使湯之承天者不至亦何爲哉

彼聖人之德莫大乎敬也湯之敬乃聖人之敬焉敬至於聖若可以止也湯之敬加日新之功焉昧爽丕顯制事則以義也制心則以禮也懋昭大德從諫則弗咈也改過則不吝也其敬與日而俱升大而聖聖而神以至昭格於天與天爲一焉賢而聖聖而天以至昭假於帝與天無二焉敬可謂至矣猶遲遲而不息凜乎天鑒在下而欽崇之心匪懈儼然日監在茲而顧諟之心方嚴吁得聖人之時純聖人之敬此王業之

所以成也歟抑此爲祫祭宗廟之樂歌故歷推商家世德相繼以至於湯而卒章又及於佐命之元臣焉湯之受命以敬敬者聖學始終之要也其作敬之功見於盤銘者可攷書曰惟尹躬暨湯咸有一德然則成湯敬學之功其有自來矣

春秋

鄭伯以璧假許田 桓公元年

何恍

同考試官學正阮　批　設祊爲國諱惡言假許人遷善胡氏註明作者轉以假字兼二意於隱字無着落晩得此卷見理精切繪辭簡健是可與言春秋矣

考試官洗馬楊　批　文得體嚴縝

考試官右諭德王　批　胡傳意正如是

春秋書二國易地之事有爲國諱惡之意有許人遷善之意此曾以許易祊所以沒其實而又以爲假也聖人書法之精待人之厚如此且許

田者何嘗朝宿之邑在王畿之內而近於鄭者也鄭伯啚爲以璧假之鄭嘗歸祊矣祊者何鄭湯沐之邑在泰山之旁而鄰於魯者也于時天子不復巡狩矣鄭以祊爲無所事而且利乎許也故先歸之諸侯亦不復朝周矣曾亦以許爲無所事而且利於祊也故輒易之夫朝宿之地先王之所錫也先王所錫雖繁纓之微猶世寶之況土地乎用是見魯之不復朝覲知有利而不知有君矣先祖之所受也先祖所受雖大弓

之微猶世守之況土地乎用是見魯不重先祖知有利而不知有親矣利者人欲之私也放於利必至奪攘而後厭義者天理之公也正其義則推之天下國家而可行魯桓趨利棄義如此聖人以是爲國惡而諱之故易許實以祊也沒祊不書而獨書曰璧蓋祊則顯矣言璧則託以爲名使若魯之未嘗納祊者所以養臣子愛敬之心不欲其君陷於有過之地也易許實非假也避易不書而書曰假蓋易則已矣言假則若

將來歸且冀魯之復可取者又以開改過遷善之意不欲其君終於不善之地也志而晦婉而成章聖人於國事其用心之密有如是夫雖然春秋爲天下作也而獨於魯惡則諱之夫豈私於魯哉滅國書取出奔稱孫已而與強國之大夫盟則稱及叛盟失信而莫適主則沒公而書會蓋雖曰諱之而其實亦有不可掩者聖人之筆其猶化工乎

齊侯宋人陳人蔡人邾人會于北杏　莊公十

三年

張楚

同考試官學正阮　批
發明誅正之意極

切有味眞有得春秋之要指者

考試官洗馬楊　批
尉齊桓人四國處如

此斷制乃可

考試官右諭德王　批
一事而褒貶具此作能

發明之

春秋紀齊伯之始事有衛世道之權詞有存王

道之正法蓋伯圖之興世道之幸王道之不幸
也春秋於北杏得不兩致意於書法哉何則伯
者之名先王盛時未有也春秋初年亦未有也
魯莊中年齊桓者出首合宋陳蔡邾四國假平
宋之名倡北杏之會于以收拾渙散之人心于
以掌握會盟之政柄天下有伯自茲始矣夫使
春秋果與伯乎皆與之可也果不與伯乎皆貶
之可也況斯會也齊桓爲主四國爲從春秋爵
齊桓於上人四國於下果何義乎誠以天下固

不可以有伯衰世亦不可以無伯彼中國一失則爲夷狄于時內弱外強下陵上替斯民幾乎左袵而夷夏之防決矣桓公慨然以安攘自任督率人心經營世故非有匡時之志者不肯爲厥後外攘內安澤潤生民力正天下中國不變爲夷狄實造端於此春秋所以予齊者從權制以爲世道計耳若夫天子九命作伯于時齊不請命擅主諸侯夷周室爲列國而君臣之義虧矣四國翕然以推戴爲事合黨從風恬不顧忌

非有無君之心者不敢爲自後政歸盟主宋晉
代興秦楚繼作王道一變爲伯圖貨作俑於此
春秋所以貶四國者明正法以爲王道計耳上
不予齊桓則何以躬天下之難不貶四國則何
以正天下之分抑揚予奪衮斧權衡聖人至此
蓋有不得已焉耳雖然春秋垂天子之法於萬
世貴仁義而賤詐力崇王道而黜伯功顧獨宥
桓何哉蓋當時周日以衰天下無復可望若非
齊桓出而麾造伯業整頓一番則楚人問鼎之

事不在宣公之世矣獨惜夫桓公亦無湯文之學其臣管仲又非伊周之才故不能推而前也童子羞稱其有以夫

禮記

君行此三者則愾乎天下矣大王之道也如此則國家順矣

張弘至

同考試官訓導胡　批　題以獨斷本非難者求其語工意明無踰是作況宜錄出

考試官洗馬楊　批　意盡而辭不浮

考試官右諭德王　批　辭理明贍

人君愛民而合乎古斯民觀感而化於下夫古
今一理上下一心也人君愛民與古合則下民
有不感化者哉昔吾夫子告哀公之意謂夫人
君爲國家之主可不立象於上乎是故大而一
身乃天下有身者之準的于焉敬吾身以及民
之身則敬身之聲教訖乎天下矣次而妻子乃
天下有妻子者之儀刑于焉敬吾妻子以及民

之妻子則敬妻子之文命暨乎天下矣所敬者
暨于天下即愛之暨于天下也彼大王乃有周
起家之賢君觀避狄之時以爲邠可遷也民不
可傷也溫然其愛民土可棄也民不可害也惻
然其字下人君愛民以暨天下則與大王之道
無異矣然上行則下效君舉則民從有不取象
於下者乎是以國家之大生齒之繁凡有身者
莫不各敬其身而不敢傷有妻子者莫不各敬
其妻子而無敢慢言相信也行相爭也乖戾之

風不行於鄉里䢖與廼慰廼止之世何異哉重
主內也重宗祀也靡薄之習不著乎閨門其與
無欲無曠之時何殊哉謂之曰國家順者信乎
其然矣抑此則孔子因哀公發也一篇之中勸
喻屢出論行禮則以敬爲大論爲政則愛人爲
大論天道則不已爲貴其所以致意於哀公者
至矣爲哀公者能致力焉則禮可行政可舉天
道可明變魯爲東周也不難矣惜乎安於宴煩
而不自力也

五法已施故聖人服之故規矩取其無私
繩取其直權衡取其平故先王貴之故可
以爲文可以爲武可以擯相可以治軍旅
張弘至
同考試官訓導胡　批　作此題多各行臆見
不破碎則穿鑿此篇獨渾成精確宜表而出之
考試官游馬楊　批　錄此以其精而已
考試官右論德王　批　說深大例庋明白典雅
論深衣之制取其善也遠見於用也周蓋法制

之善者莫深衣若也自古聖王取之其見於用
也何往而不宜哉且夫古者深衣蓋有制度袂
則應規以爲容袷則如矩以爲義則規矩之法
已施於袷袂矣縫則應繩以直政齊則如權衡
以平心則繩與權衡之法施於縫齊矣夫無益
於人不服可也今既使人容肅而行方政直而
心正聖人焉能不服乎服云者被於身也服之
則責之可知規矩方圜之至者也袷袂應之取
其公而無私耳繩與權衡平直之至者也縫齊

應之取其中直和平耳夫無服於義不貴可也
今既合理而無私平直而無陂先王寧能不貴
乎貴云者重於心也貴之則服之可見是以端
冕則有敬色以之修禮容所以為文亦有時而
燕處則深衣可以為文矣介冑則有不可辱之
色以之臨戎事所以為武亦有時而燕處則深
衣可以為武矣雖可為文非若端冕可以視朝
聘祭特可執禮以為擯相而已雖可為武非若
介冑可以臨衝特可運籌以治軍旅而已服之

簡便而可兼用如此此深衣所以爲善歟抑論衣名曰深其義果深矣乎蓋幅十有二以象天數袂圓以象天袷方以象地縫齊平直寓人道焉一衣服之間三才以具則所以文其身者至矣服之者誠能因文思義而充極乎三才之道則所進者深於服斯無愧矣不然即詩所謂彼其之子不稱其服者詩人之刺亦可畏也

第貳場

論

三聖相授守一道　　顧清

同考試官教授袁　批　其詞混混如泉湧出莫究所止而紆餘委備百步十折此豈近世所謂時文者哉

同考試官教授吳　批　是論形容堯舜爲相授守處如與董子面語而詞意脩然無一點塵俗氣所謂秋水出芙蓉者歟

考試官洗馬楊　批　意高詞古縱橫開闔若

不能竟其說者而繩墨隱然必有得於斲輪之妙者與

時文靡麗之弊士子便習

考試官右諭德王　批

久矣刻此無它取其質也

道之在天下未嘗變而勢之所至亦或有時而變變者時也不變者道也處其變而實有不變者聖人也三聖人者相繼迭興其心同其道同其時又同而無所事變者也吾嘗觀天下之勢日趨於變也猶江河之日趨於海也雖聖人其孰能違之以古今論之皇降而帝帝降而王蓋

有不能同者自三代論之夏降而商商降而周亦有不能同者以三聖論之堯而舜舜而禹恐亦不能無小異禹之言曰堯舜之民皆以堯舜之心爲心而今各自以其心爲心則禹之時固已不及舜舜之時亦安能及堯哉而三聖人者乃獨守其道而無所損益也堯之授舜也曰允執厥中舜之授禹亦曰允執厥中堯之授舜以心法傳之舜也舜之授禹以心法傳之禹也今夫寓物於人猶諄諄而語之天下之大也意其

授受之間必有高遠新異之說而皆曰中而已豈至道之精止於是而心法之傳有不能捨是耶天地之氣化不齊而聖人之生不數自古必五百年而後出降至後世蓋千百年不一見而堯也舜也禹也相接而出於一時堯授舜舜授禹面相付於一堂之上自古未有若此之盛而謂三聖之時不能無異者世儒之妄說也夫聖人之心期於安天下而已聖人之後有聖人焉而承之其道可至千百年而不變不幸而無聖

人爲承之其法至於大壞後聖有作乃不得不變堯如舜舜不得而變舜如禹禹不得而變使禹之後有聖人而承之則夏之道商不變可也湯之後有聖人而承之商之道周不變可也唯夫夏之政壞於桀故湯之興不得不變非變乎夏也變其亂乎夏者也商之政壞於紂故武王之興不得不變非變乎商也變其亂乎商者也故曰

於夏禮所損益可知也周因於殷禮所損益可知也夏因於虞而獨不言所損益者

其道女一而所尚同也古今之在天地間猶四
時之變而不已者也三聖人之時春生也商其
夏也周其秋也自春而夏而秋歲月之變也自
夏而商而周亦世運之變也若夫三聖之時一
時也其道一道也上之所傳下之所受前之所
作後之所承其道純一而不二當時民風習俗
如人之初生而未有詐偽也如日之初出而未
有陰翳也自唐而虞虞而夏世亦改矣而當時
之人渾渾然若不知者其在虞也猶其在唐也

其在夏也猶其在虞也當是時上之人無異政下之人無異說五品吾知其遜也百工吾知其熙也九功吾知其敘也其所尚者吾不得而知非惟吾不得而知當時之人亦莫得而知也非惟當時之人不得而知雖三聖人亦不能自知也粹然而已矣而安得損之而安得益之書稱舜曰重華協於帝於禹曰祗承於帝夫以舜禹之聖豈不能自作法度以新天下之視聽成一代之治哉亦以時之無弊聖人固不得而變而

商周之所損益則法之既弊聖人亦不得不變也故仲舒又曰繼治世者其道同繼亂世者其道變然則仲舒勸武帝之更化所更者法也非道也法者何忠質文之類是矣若夫君臣父子夫婦長幼仁義禮智所謂道之大原出於天者豈獨三聖之所守哉雖萬世守之可也

又　張復禮

同考試官學正鄭　批　闡明抑揚議論昂豐

筆端不窘且文法超然出人意表真可謂天馬行空步驟不凡此搜文者披閱再四而不忍釋也

考試官洗馬楊　批　以三聖事實入講末歸重於董子之意且詞氣老健故併錄之

考試官右諭德王　批　序三聖授受事姿態橫溢明白條暢跡之不為複

論曰聖人位不易傳守不易道者何也視時而已蓋道也者萬世無弊者也道常行于上時無變于下則雖上授而下受前付而後承歷三聖

經三世而其所守者不變焉非不變也變者所
以救時之弊道行而時無弊則何事於變哉董
子曰三聖相授守一道請申其說眞氣會合五
百年而聖人出焉時則盛矣而聖人之道與之
偕道如是而時如是聖人則以道從時道如是
而時不如是聖人則以時從道彼堯舜禹之時
何時也與道偕行之時也乘此時而交相授受
豈從然視之如尋常尺寸間哉其必有道矣彼
有人焉以一器授之人而欲謹守之受之者緹

鑰蓋藏而守之惟謹此有人焉以一家授之子孫而欲謹守之授之者節約乾構而守之惟謹守器不謹則器弊守家不謹則家弊天下大器也四海大家也傳之必得其人受之必遇其人守之必以其道天下豈有或弊者乎此堯舜禹授受惟道是守而不變也是故堯老矣不以天下傳之子而傳之舜舜老矣不以天下傳之子而傳之禹道可傳而傳堯舜不得而變焉者舜嘗避堯之子矣天人不容舜不得已而受堯之

天下禹嘗避舜之子矣天人亦不容禹亦不得
已而受舜之天下道可受而受舜禹不得而變
焉者非徒授之以位也[illegible]之以法而保位也允
執厥中堯嘗守之矣授之於舜舜則守之而不
變精一執中舜嘗守之矣傳之於禹禹則守之
而不變觀其明德迪德而懋德守此道而不變
於身也睦族克諧而貽子孫守此道而不變於
家也平章協和光天之下文命四敷守此道而
不變於國與天下也明曆象察璣衡道之見于

理天者同烈山治水封山立州道之見于理地
者同順羲草木順成庶類道之見于理物者同
堯之治所以蕩蕩者舜守之不得而變于堯時
不可變也舜之治所以巍巍者禹守之不得而
變于舜時不可變也是何也堯無弊政舜無弊
法無弊焉斯治世矣繼治世者其道同故舜因
乎堯禹因乎舜也夫中之名古未有也始於堯
舜禹承之而無弊忠之名古未有也始於禹季
世承之而有弊商變之以質質救忠也周變之

以文文救質也質之於忠文之於質非不美也
然其衰運而華之使歸於道也繼亂世者其道
變也但因之者其心逸革之者其心勞勞逸不
同同歸於治也下逮秦先王之治一掃而盡
之其亂久矣若宜少損周之文致用夏之忠以
救弊焉斯可也仲舒拳拳於獻對之時其所以
企望於西京者豈不使武帝克踐乎興于其躬
之言則帝王之治可馴致矣惜乎舉平生之雄
才大畧徒付於輪臺之悔也

表

擬

郊祀禮成羣臣

賀表

顧清

同考試官教授袁　批

掄揚

昭代禮儀之盛臣子忠愛之情併稱可觀

同考試官教授吳　批

組織

敍世實事豐縟峻整

考試官洗馬楊　批　得驪麗體

考試官右諭德王　批　以四六序事若不煩繩削而自合者

日　其等言伏覩今月某日

郊祀禮成者伏以靈承在上肅

天明

地祭之宜陟配於郊昭

祖功

宗德之盛燎禋有典稱秩惟時蓋孝莫大配

天惟聖爲能饗

帝恭惟

○○○○堯仁舜孝禹儉湯寬得聖人時統萬

方於一爲天下

父並兩儀而三親執璧珪祇見

天地粵自

高皇開國之始遹求前代郊祀之儀周典已亡

宋恩太濫嗤漢家之屢變陋唐制於不

正月上辛卜維其吉圜丘方澤捐爾

或合或分諸儒之議遂定一年一舉
八聖以來皆同由
帝德之罔愆故
天心之克饗正朝誓戒聽九賓於向傳先事省
牲
躬萬乘乎親出周廬星列移大輅以來思葆
蓋雲從望泰壇而奕止齋宮晨啓甬路宵
發爟火達於重城仙樂成於九奏對越想
清光之穆穆格思儼

上帝之洋洋萬國同懽百神允吝雨師風伯先
爾肅清日君月妃貢焉煥赫光景旁燭升
煙上聞薦明德黍稷非馨獲休徵雨暘時
若臣等叨塵顯相莫後駿奔幸覩
盛儀惟深雀躍伏願
恩沾九有再頌思文
德奉三無永綏殷薦覩車旗百姓舉欣欣相
告明
郊社王道知易易如斯臣等無任瞻

天仰
聖激切屏營之至謹奉表稱
賀以
聞
第叄場
策五道
第一問
顧清
同考試官教授袁　批　鏞張莪

朝立法成治之盛巍然三代之上鏗鏘偉麗光焰奪目

聖化作人之效其有驗於此乎

同考試官教授吳　批

五策精純浩博此陳

昭代為世事業詞與事稱自是臺閣文字渾詞噩語可望風而却矣

考試官洗馬楊　批

策問盤根正欲觀士子才

擢冠秋闈允協輿論

識直述問目者不啻三之二此篇有約束有斷制

國家一統之儀寓月昭然其文之紘規雋步自脫凡俗薦之春闈可以魁

天下士矣

考試官右諭德王　批　此皆今日

聖制布在天下人所共見而士子罕能言之此策逸氣超然脫去問目高

下衡縱應規合矩揄揚

國家威德震盪耳目得士如此真可以華

國矣

立天下之法者成天下之治者也守天下

之法者保天下之治者也法之立也實難

而守之亦不易我

聖祖之立法也洞見千古之弊參酌百王之宜

規模宏大而不疎節目謹嚴而不苛萬世
守之萬世之盛也嵩因執事之問而竊觀
國家之盛矣氣脉深長有江河之勢體勢嚴
重有天日之尊周之業盛也昭王南狩不
復夷王而下王室漸卑東遷以後與諸侯
夷耳漢之業強也諸吕七國新莽之變劉
氏幾危冲質以後國步逾艱唐之治盛於
貞觀開元之間天寶以後強藩悍將不貢
不朝唐之紀綱日衰月削宋初已失西北

之險州郡之兵削弱過甚屈志損威歲講
和好蓋漢唐之國勢似強而家法難以言
正宋之家法似正而國勢難以言強
今天下承平百餘年三邉晏然海宇寧一
威德震乎殊族
聲稱浹乎于兹韃靼也先寢馬韜弓款關求
貢東夷南蠻正冠束帶自比藩臣故曰未
有如我
朝者也嘗攷其故矣語曰周監於二代而

太祖參取周漢唐宋之法會萃而損益之取其
長而棄其失蓋執事所謂定本之法內則
之法事長之法待親之法所以正家也勤
政之法用人之法聽言之法所以正
朝廷也厚民之法制兵之法宮室器用之制
章疏表箋之式所以治天下者詳矣仁義
之國蓋取諸周規模宏遠蓋取諸漢品式
周密蓋取諸唐家法嚴肅蓋取諸宋而久
代之弊一切掃去則致

今日之盛豈無道而欲保此盛於無疆又安有他道哉蓋
聖祖之所訂謨
列聖之所潤色百司憲章畫一具在而有司奉行亦或有小失其初意者矣今
聖天子在上
國家之勢如日中天而杞人之憂尤切有望者凡所從事動遵成法不以全盛而自盈不以既聖而少怠講求聖學爲總攬機務

焉減無名之稅焉罷不急之務焉廣直言之路焉杜群枉之門焉此則億萬年無疆之休也

第二問

吳大有

同考試官教諭張　批　成天下之務在賢薦賢務用則國有要也此策於古人能薦不能用者歷歷能數末復言今日用人之要可謂識達治體者矣

同考試官教授王　批　致治保邦必資真賢俊士

通融之術惟在於公與專嚴而已此策援古證今無所滯泥

惟欲宏功駿烈咸休於古胸中所負豈特通博而已乎

考試官洗馬楊　批

薦賢一策士鮮能對此篇

事實不遺且能言

當今之宜鑿鑿可行噫識時務者為俊傑予其是矣

考試官右諭德王　批

薦舉人才方今要務此

策中實核文彩燦然參酌宜其知古知今之士乎

對成天下之務也有資舉天下之賢也有

術曰文曰武其資也曰公曰專曰嚴其術

也舉其貸猶濟水得操舟之楫舉其術猶運舟得操楫之師則事必有濟焉者此操用人之要者所當知也伊昔舜用五人武用十人皆一時全材文武一途用雖適於簡繁進多由於薦舉内外總於百揆冢宰幽明別於九年六年體統秩如也洎化之成後世鮮儷漢唐宋之君析文武爲二其體統無足言者槩以文臣言之曹參舉自蕭何孝惠用之遵何約束有載其清淨之

諟韓休舉自蕭嵩玄宗用之守正不阿有
天下必肥之語程明道舉自呂公著神宗
召見從容咨訪薄午始出其所論列俯躬
嘉納焉以武臣言之韓信亦何所舉漢高
爲之設壇具禮詢以撥亂之策割齊以王
遂成殲項之功李光弼爲郭子儀所舉唐
肅宗重其名則藏之太廟推其功則中興
第一岳飛舉自宗澤自鄂入見高宗中興
一事一以委之而所在克捷焉之數人者

皆一時人物猶不能盡用況其他乎其得
人之效蓋寥寥矣洪惟我
太祖高皇帝酌前代之宜定一代之制文則取
於科目武則取於蔭襲其體統截然矣施
張與奪之宜又出於常格之外焉故得賢
成治上儷於古
列聖相承克遵成憲逮今
皇上於舉賢一事尤拳拳焉比者
詔公卿科道人自薦舉律以連坐文備方面

武儲將才良法美意超軼前代士生於時何其幸哉夫薦賢
國家首事執事所謂有司之任也承學安敢闖然言而及之亦安敢默是故舉賢貴公也賢才之生何地告乏惟其所用而已居小位者或有剩才之乏英聲者或有遠實舉不及才才不自售豈能必其不遺者乎故必宏開薦舉之門使人人得舉人人被舉則薦舉公而人才不遺矣用賢貴專也銓

司責選事而已舉主自限曰某可爲某官
是分其責任久而掄選多岐矣故舉主惟
當列其性行不必限其銜名文則責吏部
武則責兵部使詢名責實而用之則委任
專而用人精矣責任貴嚴也連坐者以所
舉敗職其罰均欲舉主畏而不敢草草塞
責耳然知人爲難堯舜猶病況下者乎況
欲舉踈且遠者乎但人之壯節可憑晩節
難究必欲罰均焉舉一已矣冊其誰爲況

才有遲謚未能盡其藴人有孤鯁反以招
其尤席未煖而輒爲更罷也哉未若恕其
未然責於已然蓋已然之行表著於外其
或舉之則私矣不但科道得言使人人得
言則責人嚴而舉用豈有不當也哉由是
思皇多士濟濟在
廷文足以飾太平武足以消覬覦治足以等
泰和而漢唐宋不足言矣

第三問

龍霓

同考試官教諭張　批

風俗隆替治道所關
固在操其機者以變動耳此則歸重於人有識之士也

同考試官教授王　批

風俗一策正欲觀士子
學識此篇能言前代所激風俗如扁鵲診人焦絡洞
見其機則歸於
君相真端本澄源之論殆所謂豪傑之士與

考試官洗馬楊　批

醲成風俗在人幹旋歸正
亦惟人耳昔成周得周公君陳畢公其人以成休俗此

不循古酌今歸重於人其必有所見矣

考試官右諭德王　批　上下千百年風俗推陳歷歷如在目前末後數語於所問若不甚對其詞直其意悅矣

作乎前沿乎後之謂習振乎上變乎下之謂機習之相傳其來固非一日而機之轉動則在乎一二人而已一人倡之萬人和之一日倡之百年隨之此其機之變甚不難也忠莫之為耳乎寧反覆明問而得機

之所在上執事曰相噓而爲風相染而爲
俗愚則曰相激而爲風相沿而爲俗如秦
之暴虐激而爲西漢之寬厚寬厚之過激
而爲東都之名節名節之過激而爲晉之
清談此所謂風也漢晉之人百年循之而
不變所謂俗也風俗之移人班固固已痛
之然固之所痛其小者耳世道升降之大
斡旋之機彼不知也且漢世風俗誰爲之
乎高帝文景恭默厭亂與民休息跡其所

用絳侯之木訥建陵之醇謹萬石東陽之長者成一時寬厚之風至其弊也孔光張禹浮沉於上谷永杜欽粉飾於下獻符貢瑞所在成群然當時正色立朝則有若汲長孺危言劇上則有若劉子政二龔之清節三王之峭直皆能自拔者也光武明章尊尚儒術風勵天下跡其所行桐江之物色辟雍之臨拜期門羽林之受學作一時忠義之氣至其過也李固杜喬挺峻節於

前李膺范滂持清裁於後覆虎擲蛇相隨
入獄然當時見幾而作則有若申屠蟠明
哲保身則有若郭有道黃叔度之近道陳
太丘之平心皆能自拔者也晉之清談矯
東漢而過者也其間擊大江之節灑新亭
之淚開雞起舞運甓習勞皆非清談之所
能累也唐之靡麗沿六朝而不變者也其
間取虞淵之日開衡山之雲平原之忠義
淮西之功業皆非靡麗之所能累也宋初

之重厚李文靖呂文穆輩爲之也慶曆以
後之忠義范文正歐陽文忠等作之也大
抵有宋立國紀綱委靡而文以寬仁議論
繁多而文以儒學人心日柔士氣日惰而
國是日非矣然而仁厚一脈有終不可泯
者故平時多犯顏之人臨難多死節之士
此有宋之得失也我
朝風俗之美執事固已言之當時人物非後
生所能悉生所記者其持大體有若楊文

貞楊文定其冲然之度可想也勵風節有若薛文清李文毅其凛然之操可敬也流風遺俗至於今猶一日而或以爲少變焉者此非草茅之所及知也所知者其機而已夫上之所好下之所趨也況從而表勵之乎是故剛直者進則謟諛者激矣廉介者進則貪汚者懼矣恬退者進則奔競者抑矣苟忠鯁者或不見容廉退者多不見異則何怪風俗之不如舊哉必欲

朝廷上下和而不同常存乎至正周而不比常守乎大中則存乎進退予奪抑揚好惡之間耳轉動之頃風采立殊故曰其機在

上之人也謹對

第四問

顧清

同考試官教授袁　批　水利甚關時政此作酌古宜今鑿鑿可行非學識過人者不能到此他日出小小裨益於時吾將於子有望

同考試官教授吳　批

田賦漕運之宜南北治水亦必有術此策殆盡之矣宜錄之以獻亦或有舉而行之者乎

考試官洗馬楊　批

治水一事古人方略具在無能言者予能言之又能取其可行者裁處之同非直讀山經地理之書粗識其脈絡者

考試官右諭德王　批

旱潦爲災諺曰天數水利之學殆有可恐予之言博矣義矣其信可行乎錄之誤當道者採焉

除非常之害者有獨知之慮者也與無窮之利者有特立之操者也故曰非常之元黎民懼焉及臻厥成天下晏如也執事發策秋闈以南北旱潦爲問此誠
國計之所當先也夫漕河所資者水也而連月不雨東南所懼者水也而雨或連月若此者以爲非天乎殆未可也然北方常恒暘矣東南嘗多雨矣而未至於斯則謂之非人亦〻可也數也存乎天備也存乎人

夫併則湧分則衰順則安逆則怒水之大情也萬世治水之法無出禹者矣禹貢曰三江既入震澤底定則知三江治而震澤定也又曰播為九河同為逆河入於海則知九河疏而河流安也然三江九河不可尋矣有能倣其意以治東南之水則亦三江之遺法也倣其意以治黃河之決則亦九河之遺法也夫東南之水聚於太湖而由吳松江入海前此未聞其為害也宋慶

曆間築長橋以便漕路水去漸湮而黃浦之口漸湮故三吳多水患然不特此也溧陽之上有五堰以節宣歙金陵九陽江之水宜興之下有百瀆以疏荊溪所受諸水所以殺其來之勢也江陰而東置運河一十四瀆泄水以入江宜興而西置夾苧于與塘口大吳等瀆泄水以入運河皆所以導其流之歸也此亦三江之遺意也而今多湮矣衛恠水之不爲害耶黃河發源星

宿禹時由碣石入海當時未睹其為害也周定王時始失故道而中國數被其害嘗略考之矣漢時河決酸棗決瓠子決東郡金隄其勢漸東宋至和決大名館陶熈寧決澶州曹村其勢漸南金元以來由渦合淮以入海今聞一旦驟徙於徐州又徙於東平又徙於臨清其勢漸北兖州上下此亦九河之故處也而今乃自復焉則河徙未必不為利也然今濟寧而下每有膠乾

之憂東平以上又有漂溺之慮以勢論之則黃河之患爲急而東南財賦所出亦未爲輕也孟子曰禹之治水也水之道也故治水者有順而無障有分而無併宋時河決而南一時小人必欲障而北之以復禹故跡所謂以有限之財塡無窮之壑其事可鑒也今日東南之計莫若略緻單鍔之論疏決壅滯以導其歸而夏忠靖所行則其成效也漕河之計莫若略倣賈讓之策

多穿漕渠以殺水勢而宋學士之議亦其遺法也復溧陽之堰節金陵諸水由子胥運河以入江開白茅諸浦由常熟以入海疏運河諸瀆由江陰以入江而松江黃浦宜濬其淤塞使入海無礙且聽民作圩田以捍水則太湖之水分而東南水患減矣導臨清之河濟直沽以南之運導東平之河濟臨清以南之運導徐州之河濟邳州以南之運而濟寧故有馬頰河宜尋其跡

導河以濟濟寧一帶之運且聽民穿支渠以溉田則黃河之勢分而漕渠亦通利矣然議者必曰東南諸浦或成膏腴疏之則有侵蝕之擾濟寧一帶僅克自全引之則有衝齧之勢噫愚固已言之矣除非常之害者有獨知之慮者也興無窮之利者有不攖之操者也使任得其人則勞之者所以安之也而何有於紛擾疏之者所以分之也而何有於衝齧必也東南得人如夏

忠靖北河得人如陳恭襄而又任之以專
行之以漸無惜於小費無惑於浮言無求
於近效此功一成南北永利庶所謂一勞
而永逸者乎不然殆未可輕議也

第五問

吳璲

同考試官訓導胡　批
禦戎一策正欲覘士子

有用之學此作遠稽往古之謀近誦

[illegible]善馭虜之道可行之術精究於邊事者他日入官不獨文章足以飾治而已

同考試官學正鄭　批

禦戎之術處置得宜足

見經籍之學經濟之才得士如此亦可驗

聖化甄陶盛矣

考試官洗馬楊　批　該博之見經濟之才韜略

於御戎一策昔人謂小范老子胸中自有數萬甲兵

子其有志於范老者與

考試官右諭德王　批　以東南之士而諳悉西北

邊務若得於目見而寫出胸臆豈素以經略自負

者乎

對談兵於無事之時若迂矣然周公克詰戎兵之訓畢公張皇六師之言舉拳於成康閒則知盈成之世雖不可以黷武亦不可以忘兵此執事之問固非迂者夫中國之有夷狄猶陽之有陰君子之有小人自不能無也惟在御之有道耳昔人論御戎者多矣酌而取其中有七焉曰德義此御戎之本取諸賈誼葉正則曰將帥曰兵旅曰軍食曰器械曰形勢此御戎之末取諸

鼂錯曰堅壁以待其來整甲以乘其弊此御戎之機翟取諸何承天蓋有將帥則士卒皆可用之人有兵旅則敵愾有可恃之勢有器械則攻刺有可憑之具有軍食則饔飧有可用之資然本之以德乘之以幾御戎良策其庶矣乎唐虞之時北有薰鬻去中國遠甚至周始熾宣王命將薄伐至太原而止迄漢唐宋當全盛時虜雖臣服旋亦叛之其所得不能償所失者亦已多

矣所謂良策者固不可謂不舉亦不可謂
盡與爲我
太祖高皇帝起自南服先聲方至而夷人已北
矣尺地寸天悉脫腥羶
太宗文皇帝躬率六師窮搜沙磧所謂酬百王
報千古者端在是矣垂及于
今良法滋盛虜人頻年納款
皇上若可高視四海矣猶以著則藏於隱微事
或出於意外不能保虜人之必順也方詘

群策而並錄之好問之下亦有芻蕘之言
上塵焉我
國家以三邊爲重設銳兵擇宿將以控御之
但權分於將多事牽於相制平時尚涉矛
盾有警焉能協和爲令之計使將必得其
人權必委其人舉不得以干焉則操縱賞
罰得以盡計智矣夷人譎詐不常囊餱革
湩烏合而來糧以持久鐵兵未出也則挑
誘欲還也則追遏欲敵也則烏散而去矣

老師坐費昔嘗見之今雄邊子弟正戍之餘家家有之其剛強騎射無減於登名尺籍者爲今之計使之千行通籍骨肉相依遇敵同心氣增百倍有功則倍加陞賞無事則隷於屯田庶幾兵可以不必請而無老師費餉之虞矣三邊軍餉西北居多會計不充時出

内帑不免下勞而上費也今三邊空地彌綿沃衍招集邊民計口授之隨其豐凶十而

取一與夫已也者均示游惰之刑申以侵漁之令時其稼穡而嚴兵以守護之要之數歲蓄積自豐則西北轉輸之勞京畿補續之費可少免矣夫將專兵盛而食足焉據我形勢翰我干戈鎮以重靜

皇上誕敷文德以懷之來則撫之侵則逐之本末幾權愈自舉焉則虜人不惟愈有所畏必將愈有所慕矣愚也迂偏之見就所問而發之未敢居然以爲確論

應天府鄉試錄後序

洪惟我

太祖高皇帝立國之初以守成尚

文乃取有虞敷言成周里選

之法設爲科目三年一開以

求士

列聖相承克遵程式逮我

皇上尤加意焉今年壬子秋當鄉
試應天府尹臣瑩府丞臣綺
先期以考試官請
上命臣鏊臣傑往司考校臣等
陛辭兼程抵南服鎖院從事惟
公惟謹蓋以
國家賴賢才以爲用賢才賴科

目以進用故不敢苟況
南畿根本重地士生其間鍾山
川之秀氣荷
祖宗道化源流之深長得百官儀
刑言論之英懿自與他藩殊
茲尤不敢苟焉者夫士以裒
多積久之學濡毫摘紙忽忽

注思於咫几斗屋間以角一日之長豈足以盡其蘊哉然昔人謂行峻而言厲心純而氣和即其文之純而可以知其蘊之粹矣通閱三塲二千三百有奇得文理純粹者百三十有五名曰中式舉人然

中式之文特時格耳尚有大
者日月星辰文乎天山川草
木文乎地所以亘千古而不
已者一誠而已人心得之爲
本然之實理雖聖凡異品高
下則殊學焉而要其歸則一
自是而刑于家移于國達于

天下經緯乎天地而與天地之文同悠久者皆文也豈獨立言垂訓而曰文哉此則人文之大全可企而勵焉者也故曰尚有大者古之皐夔稷契業乎此孔曾思孟學乎此外此而言文迂矣諸士子中

式之文固在立言之例因文以第其名擇其尤以刻于錄猶之辯璞掄材不以瑕疵掩良玉不以液樠閒美材其責在主司行將赴春闈試有中否跡分窮達達則入官窮則入太學仕則以虞廷之臣為

式學則以孔子之徒為式苟
有得焉雖窮視達無愧而況
達也哉達不以紛華勢變而
易其常窮不以屯邅落莫而
累其素卓然自立以為斯文
光其責在諸士子乃若翕歘
簡進當其材愛惜獎勸畢其

蘊信任不奪於譊邪禮義不
衰於進退若有虞賁之如股
肱耳目成周賛之如股肱心
膂
保盈成之運與天地同悠久者
臣拜手稽首而言其責敢望
聖天子錄成臣謹序于末簡

奉訓大夫司經局洗馬楊傑
謹序

右寶祐登科錄世罕傳本今夏
有賈人攜以見眎審是寶祐刊本
即按值而購藏焉惜中有缺葉
擬以覓抄本待日憶偶與其盍蔣譚居
近其鄰架藏有是錄亟向假歸抄
補完善善而識此壬戌七夕
愛日館主暎撫氏識

皇帝制曰。朕惟君人
者。必有功德以被
天下。闕其一。不可
以言治。顧於斯二
者何先夫非學則

無以成德。非政則無以著功。論者或謂帝王之學不在文義。或謂天子之儉德乃其末節。或謂人主不親細事。
或謂聖王不勤遠
略。是宜有大於此
矣。然則其所當務
者何居。二帝三王

之德。所學者何事。二帝三王之政。所見者何功。漢唐宋代有令君。而功德鮮備。躬行德化者。

經制茲不定。民安吏稱者。德教或不純。或四夷服從而大綱不正。或仁厚立國而武略不競。

是學與政容有可
議者。其得失何如。
我
太祖高皇帝。
太宗文皇帝神功聖

德冠絕古今。
列聖相承繼志述事。
各臻其盛。所以致
此者何由。朕嗣承
大統。圖底治平。茲

欲守宋臣所進之
五規去唐相所陳
之九弊行漢儒所
對之三策。以上追
古帝王。庶無愧于

我
祖宗功德之大。其所
為根柢者何在。子
諸生學道抱藝而
來。皆志于世用。宜

有以佐朕者。試悉陳之。朕將體而行焉

弘治九年三月十五日

臣朱希周

臣對臣聞帝王之為治有體有用德與功之謂也德以學成而為治之體功以政著而為治之用二者可相有而不可相無者也蓋帝王未嘗有無功之德亦未嘗有無德之功德而無功有體而無用者也功而無德有用而無體者也體不立用不備皆不可以言天下之治然於此又有說焉德之淺深由乎學之精粗功之小大繫乎政之純駁帝王之德天下之大德也帝王之功天下之大功也然則帝王之學與政亦獨非天下之大而可以小視乎哉故有志於功德者

必以學政為務而從事於學與政者亦必有所當務
苟不知務其大而專事其小則其學也支離偏曲而
不足以成大德其政也瑣屑細碎而不足以著大功
尚何天下之治之足云乎哉由是論之則二帝三王
之所以功德兼隆漢唐宋之所以功德鮮備及我
聖祖
神宗之所以上追帝王而下軋漢唐宋者槩可得而知矣
欽惟
皇帝陛下有生知安行之資有持盈守成之道
深仁厚澤浹洽於人心

盛烈豐功覆冒於天下而猶

體道謙沖惟日不足以於

萬幾之暇特進臣等于

廷俯賜

清問講求至理必欲追唐虞三代之盛治郅

祖宗

列聖之洪猷而合漢唐宋於不爲甚盛心也臣荷

國家作育之恩預有司藝枝之列敢不勉竭愚衷以對

揚

休命之萬一乎臣惟天降下民而作之君人君以一身

為天下民物之主其職亦尊矣其責亦重矣其所以治天下者豈苟然哉蓋必有帥天下之德以立治之體必有安天下之功以達治之用有其功無其德則教化不成風俗不厚雖使戡定禍亂臣服四夷國本無自而正也有其德無其功則紀綱不立威令不行雖使仁心洋溢仁聞宣昭國勢無自而振也二者或闕其一而欲言治皆苟而已然究其緩急之序度其輕重之宜德成而功著者有矣德不成而欲其功之著不可得也體立而用行者有矣體不立而欲其用之行不可得也故善為治者必由體以達用善言治

者必先德而後功焉推本而言則德不能以徒成其成也在乎學學則有講習討論之事省察克治之功所以增益乎其德者也功不能以苟為其為也在乎政政則有綱紀文章之事法度品式之施所以充積乎其功者也顧帝王之學與韋布之士不同帝王之政與有司之職亦異試以古人之言論之好文盛事也而程顥則謂帝王之學不在文義蓋經世大法備載方冊務得其要措之事業斯其為大者耳尋章摘句何足之尚耶崇儉美德也而柳公權則謂天子之儉乃其末節至敘賢人退不肖納諫爭明賞罰斯其

爲大者耳片長寸善何足多耶躬親庶政者人皆以爲勤而杜黄裳乃有人主不親細事之說蓋其大者慎選賢才以分其任而已若庶務之煩則纖微責內史獄訟責廷尉何必事事而親之哉威靈及遠者人皆以爲武而胡寅乃有聖王不勤遠畧之議蓋其大者要務治內以固其本而已若戎狄之性則來者不拒去者不追何必人人而服之哉夫知其大者之所當務則其小者有不足務矣試以古人之事論之功德兼隆者莫若二帝三王其見於書則堯之欽明文思舜之溫恭允塞禹之彝倫攸敘湯之人紀聿脩太

武之純亦不已建其有極德莫有大焉者矣學其所以為學則雖不必學知利行而執中之傳精一之訓巽言之樂聞明命之顧諟以至敬止之詩丹書之戒一時身心性命之理而非學之小者也凡若此者何莫而非德之所自耶堯之敬天勤民舜之敍官分職禹之脩和府事湯之子惠困窮文武之咸和萬民大賚四海政莫有大焉者矣要其所以為功則雖不必家賜人益而黎民之於變四方之風動萬世之永賴兆民之允懷以至萬邦之作孚萬姓之悅服一皆猶論參贊之業而非功之小者也凡若此者何莫而非

政之所致耶三代而下稱盛治者以漢唐宋爲首其間創業之英君守成之令主代不乏人然而有德者或闕於功有功者或闕於德漢之文帝化民以躬率下以德庶乎德之純矣而禮樂未興正朔未改迹其所爲多失之因循而不能革嬴秦之陋宣帝吏稱其職民安其業庶乎功之美矣而專事刑名雜用王霸考其所存一出於苛察而卒以基元成之亂單于稽顙絕域奉貢唐太宗之四夷服從功可嘉也惜乎人倫之間內多慚德陷父不義而父子之道乖推及同氣而兄弟之恩薄大綱已甚不正矣事周后如母愛

少帝如子宋太祖之仁厚立國德可尚也惜乎兵權旣收緩急無備其始雖足以戢姦雄之變其後漸無以禦外敵之驕武畧已微不競矣是知文帝太祖德優於功宣帝太宗功優於德求其功德兼隆者未之聞焉所以然者盖以言乎學不過從事虛文而無補身之大要故功雖小著而不足以成其德用雖行而體則闕矣以言乎政不過補塞罅漏而無經世之遠圖故德雖小成而不足以著其功體雖立而用則闕矣其不能企及唐虞三代之治安是惜哉洪惟我

太祖高皇帝恭

天成命肇造洪業用夏變夷復綱常於倫敘之後除殘害
懸拯生靈於塗炭之餘
太宗文皇帝定制兩京九廟裕後振兵威於四裔而
聖武之布昭明興學於萬方而
王化之常被其德之大也無異於二帝三王之德其功之
大也寔倍於二帝三王之功自是以來
聖聖相承
仁宗昭皇帝勵志圖治推誠任人
宣宗章皇帝博典綏猷立法垂訓
英宗睿皇帝剛明獨斷奮發有為

憲宗純皇帝聖孝乃彰至仁不[illegible]

祖宗之志而奉承之無間皆善述

祖宗之事而遵守之無遺所以致此者固非言語之所能

形容要亦不出乎學與政而已蓋其爲學一帝王之

大道而非章句文義之間其爲政一帝王之大法而

非制度文爲之末臣請舉

聖學之一二言之躬尙書洪範於

座右書大學衍義於廡間表章六經以發聖賢之蘊奧

探微辟言以明性理之淵微此

祖宗之學也

列聖繼之貽御
經筵所親著述備人極於
五倫之書萃君道於
文華之訓何莫而非學之大者哉臣請舉
聖政之一二言之禮正百官樂成九奏用人有道而讒說
為之不行馭戎有法而強虜為之遠遁此
祖宗之政也
列聖繼之或詢民隱而急農事或減稅斂而輕刑罰或創
課種儲蓄之制或加宣聖躬舞之儀何莫而非政之
大者哉

由像之大
運之隆有由繫也今
陛下當累世熙洽之時以躋隆古文明之治方有擇於近代
之君而不為頗有取於近代之臣而不棄豈不以言
近措邇登高自卑若舉其必可行之端以示其大有
為之恋乎昔宋司馬光之於仁宗嘗進五規一曰保
業二曰惜時三曰遠謀四曰謹微五曰務實誠不可
以不守也唐陸贄之於德宗嘗陳九弊謂好勝人恥
聞過騁辯給眩聰明厲威嚴恣剛愎六者君之弊諂
諛顧望畏愞三者臣之弊誠不可以不去也漢董仲

舒之於武帝嘗勸三策其一則欲正君心以正四方
立教化以防萬民其二則欲置明師以養士責大臣
以求賢其三則欲定法制以革奢靡持一統以息邪
說誠不可以不行也此三言者皆該學政之兩端合
體用於一致天下之治寔不外是苟徒慕其言而不
究其根柢之所在則守之者無法云之者無術行之
者無與亦何以遠追帝王近法
祖宗而大其功德於天下耶是故
祖宗之德大矣而其所由成者在乎學今日欲期於
祖宗之德者可不自學始乎

祖宗之功大矣而其所由著者在乎此今日欲期於
祖宗之功者可不自此始乎
陛下之所以為學亦惟即三臣之言而推之戒謹不睹恐
懼不聞敬畏於獨知之地不以暗昧而或欺省察於
方動之幾不以細微而或忽則五規之所自守者在
是矣蓋與人同改過不吝不知有餘在己不足在人
不必得為在己失為在人則九弊之所自去者在是
矣體天心以為心法天道以立道窮理以致其知反
躬以踐其實究治亂興衰之源謹動靜云為之際則
三策之所自行者在是矣如是而德不大者未之有

也

陛下之所以為政亦惟舉三臣之言而措之制治於未亂保邦於未危務勤勞而戒驕情畏天命而悲人窮拔本塞源以防禍患之萌循名責實以立政治之本則得乎五規之遺意矣遠邪佞之人逼端直之士聽辭色以盡下情賞諫爭以開言路言之善者衆之而不棄言之未善者容之而不責則得乎九弊之深戒矣大綱正而萬目張一法行而百度舉因革損益各適其宜先後緩急各循其序不牽滯於微世駁雜之政不遷跂於流俗因循之論則得乎三事之大要矣如

是而功不大者未之有也夫學之與政豈不可以係蹶然不升之以學則繼以稽聖賢之成法識事理之當然凡天下之事不知何者為是何者為非而是非或至於混淆凡天下之人不知何者為正何者為邪而邪正或至於錯雜亦何以為政哉天下識此古之善為治者所以不徒恃乎政而必有學以為之本也若夫為學之事臣所已論之矣而所以為其事者亦有過焉孟子曰學問之道無他求其放心而已蓋心者人之神明所以具衆理者在是所以應萬事者在是放心不求則外有好學之名而內無自得之實雖

曰從事於學而亦安能有所發明耶臣願
陛下堅持此心不爲外誘之所移善養此心不爲物欲之
所累主之以敬守之以勤亡者操之而使存出者納
之而使入勿貳以二勿參以三勿一暴而十寒勿朝
作而暮輟則志氣清明義理昭著會之於心而默識
心通體之於身而躬行實踐爲學之功盡善全美而
無罅隙之可議矣學既至則政無不備體既立則用
無不行由是功德之大遠可以追帝王近可以配
祖宗而凡近代之君小康之治有不足言矣臣道不足以
明體要不足以適用然今日之所陳者一皆聖賢之

明訓儒先之格言而非敢以私見臆說進也惟
陛下採納而施行之則天下幸甚萬世幸甚臣干冒
天威不勝戰慄之至臣謹對

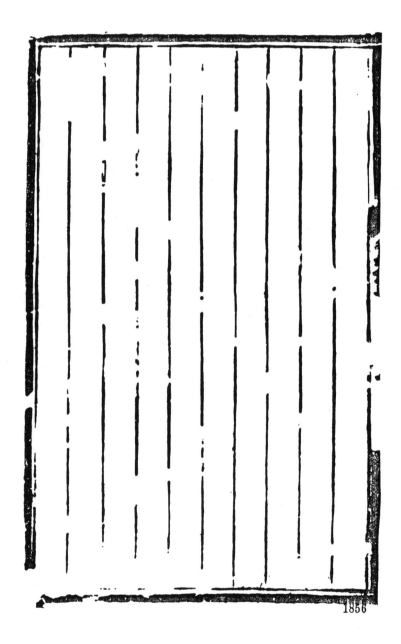

弘治九年進士登科錄

玉音

弘治九年三月十一日禮部尚書臣倪岳等於

奉天門奏為科舉事會試天下舉人取中三百名

本年三月十五日

殿試合請讀卷官及執事等官少傅兼太子太傅

吏部尚書謹身殿大學士徐溥等五十二員其

進士出身等第恭依

太祖高皇帝欽定資格第一甲例取三名第一名從
六品第二第三名正七品賜進士及第第二甲
從七品賜進士出身第三甲正八品賜同進士
出身奉
聖旨是欽此
讀卷官
光祿大夫柱國少傅兼太子太傅吏部尚書謹身殿大學士徐溥 甲戌進士
榮祿大夫太子太保禮部尚書兼武英殿大學士劉健 庚辰進士
榮祿大夫太子太保兵部尚書馬文升 辛未進士
資德大夫正治上卿太子少保吏部尚書屠滽 丙戌進士

資政大夫太子少保戶部尚書葉淇 甲戌進士
資政大夫太子少保刑部尚書白昂 丁丑進士
資政大夫工部尚書劉璋 丁丑進士
嘉議大夫禮部右侍郎兼翰林院侍讀學士李東陽 甲申進士
嘉議大夫詹事府少詹事兼翰林院侍講學士謝遷 乙未進士
通議大夫通政使司通政使元守直 乙未進士
嘉議大夫大理寺卿王霽 庚辰進士
中議大夫贊治尹都察院左僉都御史楊謙 乙丑進士

提調官

資善大夫禮部尚書倪岳 甲申進士

正議大夫資治尹禮部左侍郎徐瓊 丁丑進士

通議大夫禮部右侍郎傅瀚 甲申進士

監試官

文林郎山東道監察御史劉憲 庚戌進士

文林郎河南道監察御史劉纓 戊戌進士

受卷官

翰林院侍讀劉機 戊戌進士

翰林院侍講張天瑞 辛丑進士

承事郎吏科都給事中李源 丁未進士

承事郎戶科都給事中祝俓 甲辰進士

彌封官

正議大夫資治尹太常寺卿林章 儒士

亞中大夫光祿寺卿林鳳 丙戌進士

中憲大夫鴻臚寺卿張俊 監生

奉政大夫尚寶司卿楊泰 監生

翰林院侍講武衛 戊戌進士

翰林院編修蘇葵 丁未進士

承事郎禮科都給事中呂獻 癸未進士

承事郎兵科都給事中楊瑛 丁未進士

儒林郎大理寺左寺左寺副周奮通 秀才

儒林郎大理寺右寺右寺副劉榮 秀才

掌卷官

翰林院侍讀楊廷和 戊戌進士

翰林院修撰費宏 丁未進士

翰林院編修羅玘 丁未進士

徵事郎刑科左給事中張朝用 甲辰進士

承事郎工科都給事中柴昇 丁未進士

巡綽官

昭勇將軍錦衣衛掌衛事都指揮僉事李珍

昭勇將軍錦衣衛指揮使趙鑑

懷遠將軍錦衣衛指揮同知劉良
明威將軍錦衣衛指揮僉事葉廣
明威將軍錦衣衛指揮僉事郭良
明威將軍金吾前衛指揮僉事呂煥
明威將軍金吾後衛指揮僉事高德

印卷官
奉政大夫禮部儀制清吏司郎中徐説 戊戌進士
奉訓大夫禮部儀制清吏司員外郎萬化 甲辰進士
承德郎禮部儀制清吏司主事程崧 甲辰進士

供給官

奉議大夫光祿寺少卿趙竑 甲辰進士

承直郎光祿寺寺丞楊澤 丁未進士

登仕郎禮部司務吳項 戊子貢士

奉政大夫禮部精膳清吏司郎中胡玉 辛丑進士

奉訓大夫禮部精膳清吏司員外郎郝本 乙酉貢士

恩榮次第

弘治九年

三月十五日早諸貢士赴

內府

殿試

上御

奉天殿

親賜策問

三月十八日早

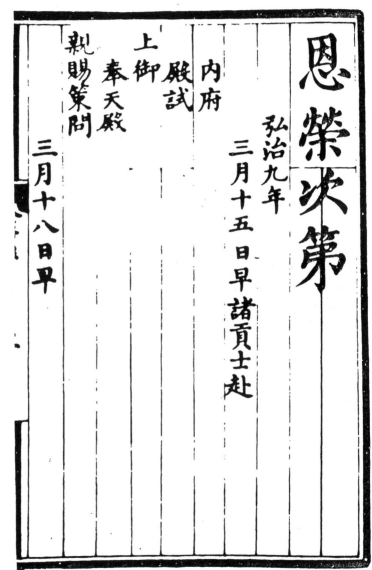

文武百官朝服侍班是日錦衣衛設鹵簿于
丹陛丹墀內
上御
奉天殿鴻臚寺官傳
制唱名
禮部官捧
黃榜鼓樂導引出
長安左門外張掛畢順天府官用傘蓋儀從送狀
元歸第
三月十九日

賜宴於禮部宴畢赴鴻臚寺習儀
三月二十日
賜狀元朝服冠帶及進士寶鈔
三月二十一日狀元率諸進士上
表謝
恩
三月二十二日狀元率諸進士詣
先師孔子廟行釋菜禮
禮部奏請
命工部於國子監立石題名

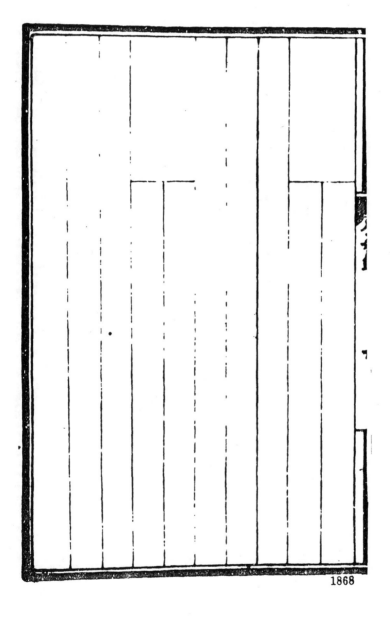

第一甲三名

賜進士及第

朱希周　貫直隸蘇州府崑山縣民籍　縣學生

治易經字懋忠行一年二十四六月二十三日生

曾祖士常　祖夏知縣 郎文　父文知縣 郎文　母王氏封孺人

具慶下　弟希召　希韓　希范　希富　希陽　娶錢氏

應天府鄉試第九十五名　會試第一百七名

王瓚

貫浙江温州府永嘉縣竈籍　府學生

治易經字思獻行四年三十五十月十六日生

曾祖原宏　祖文煥　父祚　母朱氏

具慶下　兄頊汝州知州　璟　琲　弟玧　娶應氏

浙江鄉試第三名　會試第十五名

陳瀾

貫順天府永平縣民籍直隸山陽縣人　府學生

治易經字本初行三年二十四二月初五日生

曾祖承善　祖貞　父顯　母常氏

具慶下　兄洪　清　弟滐　潤　灝　娶蔡氏

順天府鄉試第二名　會試第一名

第二甲九十五名

賜進士出身

李永敷 貫湖廣郴州永興縣民籍 國子生

治詩經字貽教行八年三十五十二月二十一日生

曾祖崇德 祖思寬 父秀實知縣 前母劉氏 母張氏

具慶下 兄永富 永資 永莊 永昌 永榮貢士 弟永齡貢士 永春縣學生 娶蔡氏

湖廣鄉試第四十一名 會試第六十名

李璸

貫錦衣衛籍山東濮州人 國子生

治詩經字宗器行一年三十七閏十一月十八日生

曾祖義 祖俊 父賢義官 母王氏 繼母鄭氏

具慶下 弟瑾 娶趙氏

順天府鄉試第十八名 會試第四十六名

顧潛

貫直隸蘇州府崑山縣民籍 國子生

治易經字孔昭行三年二十六八月初八日生

曾祖良遇例冠帶 祖恂 父宜之義官 母周氏 繼母李氏

重慶下 兄培 直 弟淥 娶龔氏

應天府鄉試第六十名 會試第三十四名

陳鳳梧 貫江西吉安府泰和縣民籍 縣學生

治書經字文鳴行一年二十二十一月二十五日生

曾祖興彬 祖公震 父泰 母章氏

具慶下 弟梧 梓 娶蕭氏

江西鄉試第七十二名 會試第六十二名

史後 貫應天府溧陽縣民籍 國子生

治易經字巽仲行二年二十九正月十五日生

曾祖大彬 祖鎬 父梓義官 母祁氏 繼母王氏

慈侍下 兄徐義官 娶李氏 繼娶張氏 王氏

應天府鄉試第十名 會試第一百二十名

濮韶

貫太醫院籍直隸當塗縣人 國子生

治詩經字和仲行一年三十三十二月十五日生

曾祖覲 醫士 祖鏞 良醫 父瑛 教授 母鄒氏

具慶下 弟韶 韵 娶姜氏

順天府鄉試第一名 會試第八名

陳諧

貫浙江嘉興府秀水縣軍籍 縣學生

治詩經字汝諧行二年三十正月十七日生

曾祖廣 祖塤 父禧 教授 母吳氏

具慶下 兄阜 弟崗 訪 崧 計 瓚 諫 娶伍氏

浙江鄉試第二十八名 會試第八十四名

左唐

貫直隸揚州府江都縣 民籍 縣學生

治易經字堯卿行八年二十十一月一十四日生

曾祖仲銘 祖文 父宣監生 母曾氏 繼母張氏

具慶下 兄鑑 鎧 錦 鈺 山 弟虞 周 娶廖氏

應天府鄉試第十八名 會試第二百七十六名

蔡栻

貫順天府大興縣匠籍浙江錢塘縣人 國子生

治詩經字元敬行二年三十三三月十七日生

曾祖亮 祖潤封工部郎中 父誌右參政 母屠氏封宜人

慈侍下 兄栩僉事 弟楷 棡 娶曹氏 繼娶宋氏 李氏

順天府鄉試第二十七名 會試第一百七十三名

陸冒

貫直隸蘇州府吳縣軍籍長洲縣人　國子生

治易經字尚德行三年四十二三月十四日生

曾祖璡　祖長華　父嗣昌德安知府　母許氏

永感下　兄晃　兄昇　弟冠　娶馬氏

應天府鄉試第一百三十二名　會試第一百六十六名

胡獻

貫直隸揚州府興化千戶所軍籍江西新喻縣人　國子生

治詩經字時臣行二年二十四十二月二十六日生

曾祖思真　祖世安　父讓保安州判官　母王氏

具慶下　兄時濟　弟時振　娶陳氏

應天府鄉試第一百十四名　會試第二十名

張潛 貫陝州衛籍河南太康縣人 國子生
治書經字用昭行一年二十五正月十四日生
曾祖文信 贈嘉議大夫 右副都御史 祖晉 封嘉議大夫 右副都御史 父錦 通議大夫 刑部左侍郎 母劉氏 封淑人
具慶下 弟瀾 監生 淋 洚 娶東氏
陝西鄉試第五十名 會試第十二名

鄒軒 貫浙江紹興府餘姚縣竈籍 國子生
治禮記字公輊行十一年三十三九月十七日生
曾祖世勤 祖儀 贈刑部員外郎 父儒 [illegible] 母[illegible]氏 封宜人
具慶下 兄軻 輅 軾 弟輪 轅 輗 娶[illegible]氏
浙江鄉試第八十名 會試第四名

董天錫　貫江西贛州府寧都縣官籍　國子生

治詩經字壽甫行二年二十四二月初四日生

曾祖昌義　祖時讓贈右春坊右庶子兼翰林院侍講　父越南京禮部右侍郎　母溫氏封淑人

具慶下　兄天叙　弟天敘　天申　娶溫氏

江西鄉試第八十五名　會試第三十八名

張玠　貫順天府宛平縣民籍　府學生

治易經字世奇行四年三十六八月初一日生

曾祖從義　祖貴　父禎　母李氏

具慶下　兄寧　珹　瑞　弟璀　瓚　娶李氏

順天府鄉試第七名　會試第二百六十九名

王蓋

貫錦衣衛籍山東萊州府濰縣人　順天府學生

治易經字惟忠行一年二十六九月二十五日生

曾祖志友　祖整　父端　母方氏

具慶下　弟蘭　蓮　娶張氏

順天府鄉試第二十一名　會試第九十八名

翁玉

貫浙江寧波府慈谿縣匠籍　國子生

治詩經字潤之行一年四十十二月二十一日生

曾祖叔謙　祖璧熙　父敏　母嚴氏

慈侍下　弟璧　琦　璽　瑞　瓚　璉　娶程氏

順天府鄉試第十七名　會試第二百五十一名

王朝卿 貫江西南昌府[illegible]縣人 國子生

治詩經字升之行二年十九二月二十八日生

曾祖日新 祖穩 父[illegible] 生母黃氏

重慶下 兄孫 弟洵 諾 昔 昱 晉 普 部 暐 娶[illegible]氏

江西鄉試第八十三名 會試第一百七十八名

皇甫錄 貫直隸蘇州府長洲縣民籍 國子生

治易經字世庸行二年二十七五月二十日生

曾祖興 祖通 父信 母彭氏

重慶下 兄金 弟鉦 鑣 鉌 鏵 娶黃氏

應天府鄉試第一百二十三名 會試第二百四十七名

周會 貫山西太原府陽曲縣民籍 國子生
治易經字希沂行二年二十九五月十八日生
曾祖傑[illegible] 祖鎧[illegible] [illegible] 父經[illegible] 母韓氏封淑人
重慶下 兄孟監生 弟齊 沱 娶王氏
山西鄉試第二十三名 會試第二百四十四名

沈綸 貫浙江杭州府仁和縣民籍 國子生
治易經字朝綬行二年四十二八月十八日生
[illegible] 祖官封刑部員外郎 父和[illegible] 前母楊氏[illegible] 母盧氏
嚴侍下 兄經 弟綸 徽 昌 娶李氏
浙江鄉試第七十二名 會試第一百八十五名

董忱

貫直隸松江府上海縣民籍 國子生

治書經字世行行三年三十六二月初二日生

曾祖思忠 祖以和 父綸[illegible] 母謝氏

慈侍下 兄麒麟[illegible]恢恬[illegible] 娶李氏

應天府鄉試第一百二十六名 會試第二百八十八名

王宣

貫四川嘉定州民籍 國子生

治禮記字承德行四年二十七二月初三日生

曾祖琳 祖思恭 父朝輔[illegible] 母劉氏 繼母潘氏

具慶下 兄清 澄 登 弟宥 宜 娶劉氏

四川鄉試第二十八名 會試第二百九十五名

周臣

貫直隸揚州衛通州千戶所籍江西寧都縣人　州學生

治易經字元弼行一年二十五十二月十七日生

曾祖亮　祖鑑遇例冠帶　父漢義官　母沈氏

重慶下　弟易　方　南　頌　官　道　娶張氏

應天府鄉試第七十八名　會試第二百八十一名

趙鶴

貫直隸揚州府江都縣民籍　國子生

治易經字叔鳴行四年二十九五月初二日生

曾祖彥和　祖恕　父紳　母紀氏　繼母張氏

具慶下　兄鸞　鵬　鶚　弟鵠　鶮　鵚　鴒　娶呂氏

應天府鄉試第三十三名　會試第九名

劉東

貫河南河南府洛陽縣民籍　國子生

治易經字元昭行二年三十一三月三十日生

曾祖[illegible]

具慶下　兄泰　娶胡氏

河南鄉試第五十一名　會試第二百六十四名

黃相

貫福建興化府莆田縣軍籍　國子生

治詩經字弼甫行一年三十一正月十九日生

曾祖學廣　祖道全　父與瑞　母林氏

慈侍下　弟樞　明　瓚　格　赤　娶林氏

福建鄉試第二十三名　會試第一百二十七名

簡芳　貫江西瑞州府上高縣民籍　國子生

治詩經字德馨行五年三十四十二月十六日生

曾祖玉常　祖惟敏　父昇瑞　母黃氏

具慶下　兄鏞　[illegible]　旋　弟[illegible]　芸　蘭　[illegible]　富　娶黃氏

江西鄉試第十七名　會試第一百三十二名

張諾　貫山東濟南府濱州軍籍　州學生

治書經字孝之行三年二十一六月二十九日生

曾祖公　祖[illegible]　父興　母劉氏

具慶下　兄[illegible]　[illegible]　弟謙　聘魏氏

山東鄉試第六名　會試第一百六十五名

甘振　貫廣西潯州府桂平縣民籍　國子生

治詩經字大庠行一年三十一十一月二十六日生

曾祖摯[illegible]　祖時敏　父弘濟　母彭氏

慈侍下　娶黃氏

廣西鄉試第二名　會試第七十一名

陳言　貫直隸蘇州府長洲縣軍籍　國子生

治易經字子朝行一年四十四二月初九日生

曾祖闇道　祖仲玉　父尤謨貢士　母宋氏

永感下　弟善　娶郭氏

應天府鄉試第十二名　會試第二百二十九名

張秀 貫福建建寧府甌寧縣民籍 國子生

治易經字子實行五年三十八十月二十四日生

曾祖彥誠 祖義生 父景瑞 母丘氏

具慶下 兄健 倧 俊 弟佩 僾 娶魏氏

福建鄉試第七十八名 會試第八十八名

嚴經 貫直隸蘇州府吳縣民籍 縣學生

治詩經字[illegible]行二年三十五十二月十九日生

曾祖甫 祖從謙 父文英 母金氏

具慶下 弟[illegible] 紳 娶費氏

應天府鄉試第六十三名 會試第六十六名

吳天有

貫應天府上元縣[illegible]人 國子生

治書經字元亨行一年三十五二月初四日生

曾祖彥彬 祖[illegible] 父[illegible] 母蔣氏

慈侍下 娶吳氏

應天府鄉試第三名 會試第三十五名

李嘉祥

貫直隸池州府貴池縣民籍 國子生

治詩經字時鳳行二年二十五七月十二日生

曾祖積惠 祖彥達 父仁 母鄭氏

重慶下 兄禎祥貢士 弟應祥 呈祥 娶柯氏

應天府鄉試第九名 會試第一百五十八名

張紹齡 貫廣東廣州府番禺縣軍籍 國子生

治易經字壽無行一年三十五三月十七日生

曾祖子善 祖英 父觀正 母鄒氏

永感下 娶馮氏

廣東鄉試第一名 會試第一百一名

吳江 貫浙江湖州府德清縣民籍 縣學生

治詩經字使岐行一年二十七三月十三日生

曾祖孟甫 祖傑府事 父美州判 母俞氏

重慶下 弟山 巒 嵩 岑 巖 崙 娶何氏

浙江鄉試第四十九名 會試第二百六十名

劉光

貫浙江寧波府定海縣軍籍　國子生

治易經字景昭行二十五年四十三月十四日生

曾祖定叔　祖時和[illegible]　父洪[illegible]　母周氏封宜人　繼母姜氏

具慶下　弟克　娶王氏　繼娶姜氏

浙江鄉試第七十八名　會試第一百六十九名

高節

貫應天府上元縣民籍　府學生

治詩經字介夫行一年二十九十月十二日生

曾祖旻　祖榮[illegible]　父麟　母丁氏

重慶下　弟時　磐　暘　軒　禾　娶景氏

應天府鄉試第七十四名　會試第九十一名

劉喬 貫浙江寧波府慈谿縣民籍 縣學生
治詩經字世臣行六十三年三十二九月初一日生
曾祖格 祖娣 父陞古州知府長史 母張氏
具慶下 兄錫 鎬 鎮 弟鋼 鏞 鉦 錀 娶馮氏
浙江鄉試第六十五名 會試二百五十七名

艾洪 貫山東濟南府歷城縣軍籍 國子生
治書經字汝裕行一年三十五正月初六日生
曾祖才義 祖蘭武城縣丞 父璟 母趙氏
永感下 兄淵 濡 弟濟 泱 娶魏氏
山東鄉試第四十名 會試第二百二十二名

汝泰

貫直隸蘇州府吳江縣民籍　國子生

治詩經字[illegible]道行一年四十四八月十八日生

曾祖煥[illegible]　祖[illegible]　父伸[illegible]　母徐氏

永感下　兄泰　弟復　娶郁氏

應天府鄉試第一百一十名　會試第一百一十三名

熊偉

貫南京金吾衛官籍江西新建縣人　國子生

治詩經字[illegible]行三年三十九四月十三日生

曾祖貴高　祖春台　父金百戶　母金氏

永感下　兄[illegible]　侯百戶　傑　娶李氏

順天府鄉試第十六名　會試第六十四名

鮑璋 貫浙江寧波府鄞縣民籍 國子生

治易經字德卿行二十年三十六八月初八日生

曾祖均保 祖仕本 父見鏞 母廖氏 繼母詹氏

具慶下 弟[illegible] 玑 娶葉氏

浙江鄉試第二十二名 會試第七十八名

劉祥 貫江西吉安府安福縣儒籍 國子生

治春秋字[illegible]行十年二十八十月二十六日生

曾祖湖 祖銁 父組 春官 母任氏

具慶下 兄樵 弟初 楓 棵 爽 驥 寅 娶[illegible]氏

江西鄉試第十七名 會試第二十七名

程瑄

貫直隸徽州府歙縣民籍 國子生

治春秋字德和行四年三十八七月初四日生

曾祖仲信贈按察司僉事 祖[illegible]子初 父安 嫡母詹氏 生母洪氏

嚴侍下 兄瑋 瑨 琭 弟璜 珷 娶汪氏

應天府鄉試第三十五名 會試第五名

王朝佐

貫浙江溫州府平陽縣軍籍 國子生

治書經字廷望行一年三十一九月初七日生

曾祖守正 祖旻 父平生 母何氏

具慶下 弟朝佑 朝輔 朝瑀 朝相 娶蔡氏

浙江鄉試第七十八名 會試第二十一名

何詔 貫浙江紹興府山陰縣民籍 國子生

治詩經字廷綸行十六年三十七三月十四日生

曾祖克忠 祖政 父泰 母沈氏 繼母董氏

具慶下 兄訢記諒諄詵[illegible]誼論 娶[illegible]氏

浙江鄉試第四十七名 會試第一百九十二名

周鼎 貫金吾左衛官籍湖廣茶陵州人 國子生

治詩經字定之行一年三十七閏十一月十三日生

曾祖原一 祖誠百戶 父旺百戶 嫡母李氏 生母楊氏

嚴侍下 [illegible] 娶馮氏

順天府鄉試第一百二十五名 會試第二百七十七名

胡鍵　貫直隸大名府長垣縣軍籍　國子生
治詩經字希[illegible]行二年三十七十月二十三日生
曾祖友誠 贈工部右侍郎　祖[illegible]　父曆 工部左侍郎　母張氏 [illegible]人
慈侍下　兄銘 縣[illegible]　弟鈛　娶袁氏
順天府鄉試第一百二十名　會試第二百三十六名

孫祿　貫山東登州府棲霞縣軍籍　國子生
治詩經字天錫行一年三十二七月十一日生
曾祖嵩　祖政　父善 [illegible]　母解氏
慈侍下　娶林氏
山東鄉試第一十九名　會試第[illegible]六十九名

龍霓 貫南京牧馬千戶所官籍江西宜春縣人 國子生

治書經字致仁行三年三十五二月二十日生

曾祖敬 百戶 祖禮 百戶 父瑄 母楊氏

嚴侍下 兄霖 百戶 霖 弟瓊 靄 娶王氏

應天府鄉試第八名 會試第二名

曹琚 貫湖廣郴州桂陽縣官籍 國子生

治詩經字仲玉行十二年四十二三月二十四日生

曾祖仕仁 祖崇裕 [illegible] 父章 [illegible] 母[illegible]氏

具慶下 兄璃 [illegible] 弟[illegible] 娶[illegible]氏

湖廣鄉試第七十九名 會試第一百六十七名

華杲

貫直隷常州府無錫縣民籍 國子生

治詩經字大充行二年三十八十二月三十日生

曾祖仲淳 祖恩濟 父守莊 母楊氏

具慶下 兄禹 [illegible] 娶朱氏 繼娶惠氏

應天府鄉試第六名 會試第三名

謝傑

貫福建漳州府龍溪縣軍籍 國子生

治書經字偱卿行二年三十八二月初八日生

曾祖子珍 祖世寧 父仕哲 母郭氏

慈侍下 兄碩 娶林氏

福建鄉試第六十二名 會試第三十九名

李珪

貫江西吉安府永新縣民籍　縣學生

治易經字用獻行三年三十四五月初五日生

曾祖俊隆　祖郁義官　父景清貢生　母王氏　繼母蕭氏

具慶下　兄瑞　弟瑊　玠　琳　玢　玖　琨　娶劉氏

江西鄉試第二十七名　會試第二百九十九名

胡壐

貫錦衣衛官籍直隸邢臺縣人　國子生

治禮記字伯章行一年三十一十二月二十二日生

曾祖貴　祖信指揮僉事　父奎　母趙氏

重慶下　弟璉　琇　娶吳氏

順天府鄉試第一百十二名　會試第一百九十一名

尚衡

貫陝西西安府同州民籍 國子生

治書經字一中行一年四十六月初一日生

曾祖榆 祖文 父禮 母莊氏

慈侍下 弟徵 衡 規 矩 娶董氏

陝西鄉試第三名 會試第二百三十一名

呂元夫

貫直隸常州府無錫縣匠籍 國子生

治書經字仲仁行二年二十七三月十八日生

曾祖敬之 祖誠贈推官 父向監察御史 母魏氏孺人

具慶下 兄立夫 弟亨夫 利夫 貞夫 娶[illegible]氏

應天府鄉試第一百二十一名 會試第一百五十七名

劉用中　貫四川敘州府富順縣民籍　國子生

治詩經字遵行行一年三十七九月二十八日生

曾祖永清　祖福壽　父朝海貢士　母羅氏　繼母陳氏

具慶下　益執中　娶蕭氏

四川鄉試第二名　會試第一百三十五名

董恬　貫直隸松江府上海縣民籍　國子生

治書經字世良行二年三十九十一月十一日生

曾祖思忠　祖以和　父綸監察御史　母謝氏

慈侍下　兄誠 羲 麟 官 恢　弟忱同科進士 源監生 懌 懷 浩 鎮 商 鵬　娶黃氏

應天府鄉試第一百二名　會試第二百六十五名

宋毓

貫直隸德州衛官籍山東德州人 國子生
治詩經字鍾秀行六年三十五正月二十四日生
曾祖士興百戶 祖友百戶 父禎 前母許氏 母劉氏
具慶下 兄瑀百戶 景琳 瑾 弟璽 瓚 奎 娶徐氏 繼娶賈氏
山東鄉試第四十一名 會試第二百六十七名

張邦瑞

貫直隸常州府宜興縣軍籍 縣學生
治易經字天鳳行六年四十一九月初五日生
曾祖永德 祖元愷 父述古按察司僉事 母陸氏
永感下 兄邦祥 弟邦良 邦毅戶部書算 邦祿 娶黃氏
應天府鄉試第六十六名 會試第一百八十九名

陳霽　貫直隸蘇州州吳縣民籍　縣學生
治易經字子宇行二年三十二八月初四日生
曾祖永昌　祖[illegible]　父興　母徐氏
具慶下　兄[illegible]　弟雲　雷　霆　娶黃氏　繼娶[illegible]氏
應天府鄉試第二十二名　會試第二百八十五名

劉思賢　貫湖廣荊州府石首縣軍籍　國子生
治書經字用賓行四年三十五三月初九日生
曾祖嗣達　祖從誠　父沂　母夏氏
慈侍下　兄[illegible]　思[illegible]　思[illegible]　思賢　思睿　娶王氏
湖廣鄉試第一十三名　會試第一百四十四名

戴敏

貫直隸徽州府婺源縣民籍　縣學生

治書經字遜之行一年二十一五月初二日生

曾祖惟忠　祖如義　父文炳　母齊氏　繼母張氏

具慶下　弟叔　敬　敞　徽　娶黃氏

應天府鄉試第八十四名　會試第二十四名

汪璧

貫河南汝寧府光州商城縣軍籍　國子生

治詩經字與完行一年三十六五月十五日生

曾祖世奇　祖漢　父仲良　母洪氏

永感下　兄奎　娶胡氏

河南鄉試第二十八名　會試第十六名

包濬

貫浙江寧波府鄞縣民籍 國子生

治書經字民望行六年四十三十一月十三日生

曾祖文助 祖甸 父銘 母紀氏

永感下 兄澄 弟浩[illegible]濟[illegible]渙海汶沭治潭 娶韋氏

浙江鄉試第八十七名 會試第一百九十五名

謝麒

貫江西南昌府新建縣民籍 縣學生

治書經字應祥行一年二十六二月三十日生

曾祖得[illegible] 祖[illegible] 父經 母林氏

具慶下 弟麟 娶黃氏 繼娶黃氏

江西鄉試第七十七名 會試第一百名

楊琥

貫湖廣常德府武陵縣民籍 國子生

治書經字介福行三年二十六八月二十七日生

曾祖秀[illegible] 祖暹 父[illegible] 母陳氏

具慶下 兄祚 禎 弟禬 祺 禋 禰 礿 禧 祐 禩 禔 娶陳氏

湖廣鄉試第一名 會試第五十一名

葉德

貫浙江處州府麗水縣民籍 國子生

治易經字宗本行二年三十三二月三十日生

曾祖禧 祖愷 父璉 義官 母陸氏

具慶下 兄壽 弟衡 娶樊氏 繼娶鄭氏

浙江鄉試第六十一名 會試第一百二十名

耿明

貫山東東昌府臨清州館陶縣軍籍 國子生
治易經字晦之行三年三十四八月二十七日生
曾祖遼 祖貴 兵馬指揮 父辯 母宋氏 繼母王氏
具慶下 兄聰 弟睿 娶李氏
山東鄉試第七十四名 會試第一百八十二名

黃昭

貫直隸常州府江陰縣民籍 縣學生
治易經字明甫行一年三十一二月二十日生
曾祖忠 祖顒 父奇 母范氏
具慶下 弟森 新 德 楚 恩 鈍 魯 庸 漢 位 廉 娶龔氏
應天府鄉試第二名 會試第一百十六名

沈文華 貫湖廣安陸衛軍籍 衛學生

治易經字崇實行一年二十八十月初一日生

曾祖繼宗 祖祥 父仁 母劉氏

永感下 弟文魁 文英 文翰 娶胡氏

湖廣鄉試第二名 會試第七十三名

李誠 貫湖廣黃州府黃陂縣馬船籍 國子生

治易經字則明行一年三十二五月初六日生

曾祖應林 祖二 父悅洪 母黃氏

慈侍下 弟譚 謩 娶湯氏

湖廣鄉試第六十九名 會試第一百四十二名

鄧洹 貫山西蔚州廣靈縣軍籍大同中護衛人 國子生
治詩經字宗濟行七年三十三十二月二十八日生
曾祖明善 祖友仁 父文忠 前母許氏 張氏 母林氏
永感下 兄淮 洪 海 澤 溶 澐 弟樹 漢 娶賈氏
順天府鄉試第九名 會試第二百十八名

張鳳翔 貫四川嘉定州夾江縣人 民籍 國子生
治易經字來儀行五年三十十月二十五日生
曾祖彪 祖文清 教諭 父澗 通判 母周氏
具慶下 兄鳳翀 鳳翮 鳳翥 鳳翰 娶鄭氏
四川鄉試第十二名 會試第八十名

李源

貫河南開封府祥符縣民籍　國子生

治詩經字宗一行六年四十四八月十三日生

曾祖成　祖欒封御史　父蕃贈監察御史　母郎氏

永感下　兄演　濡　濮　[illegible]　瀾　渥　弟洪　溥　娶王氏

河南鄉試第一名　會試第三十二名

王子言

貫浙江嚴州府淳安縣民籍　國子生

治春秋字如行行一年三十七二月初一日生

曾祖本宗　祖志贈監察御史　父寶知府　母張氏封孺人

具慶下　弟子諫　子訓　子謹　娶徐氏

浙江鄉試第九名　會試第二百五十二名

羅璋 貫山東濟南府歷城縣民籍 國子生
治易經字端卿行一年三十三十月二十八日生
曾祖昇 祖真封刑部主事 父鏞 母蕭氏封安人
慈侍下 弟獻 瑛 璉 璣 娶劉氏 繼娶陳氏
山東鄉試第三十六名 會試第一百四名

陳言 貫直隸蘇州府常熟縣匠籍 縣學生
治詩經字汝昇行一年三十二二月初四日生
曾祖繼善 祖思恭 父充謙 母劉氏 生母周氏
具慶下 兄雯 章 京 娶聶氏
應天府鄉試第二十五名 會試第一百五名

王壽

貫直隸徽州府婺源縣民籍 國子生

治書經字希仁行一年四十二十二月初二日生

曾祖宗祖 祖思義綱 父優 母侯氏

具慶下 弟福 康 翰 娶汪氏

應天府鄉試第九十二名 會試第八十二名

蔡中孚

貫浙江湖州府德清縣官籍 縣學生

治易經字信之行六年三十五十一月二十八日生

曾祖文浩 祖元愷 父纓 尚千戶 母夏氏

具慶下 弟愚 願 大有 咸 娶沈氏

浙江鄉試第三十五名 會試第二百五十四名

韓俊　貫廣東瓊州府文昌縣民籍　國子生

治詩經字克齋行二年三十五八月二十四日生

曾祖朝林　祖昌顯　父玘　母陳氏

具慶下　兄倫上貢　儆　弟倫　价　娶雲氏

廣東鄉試第七十二名　會試第一百七十名

李鉞　貫河南開封府祥符縣匠籍　國子生

治詩經字虞甫行三年三十二十月初一日生

曾祖義　祖通　父興　母史氏　繼母王氏

具慶下　兄錦　鎧　弟銘　娶林氏

河南鄉試第五十七名　會試第一百二名

陳洪謨

貫湖廣常德府武陵縣軍籍 府學生

治書經字宗禹行二年二十二八月初九日生

曾祖維新 祖鏞衛經歷 父良開縣教諭 母王氏

具慶下 兄瓛 弟洪範 洪通 洪憲 洪表 娶禹氏

湖廣鄉試第八十三名 會試第一百八十三名

孟春

貫山西澤州民籍 州學生

治詩經字時行行一年三十七九月初一日生

曾祖泰 祖鑑 父彪 母王氏

慈侍下 弟夏 秋 冬 娶李氏

山西鄉試第四十六名 會試第二百六名

彭夔　貫江西吉安府安福縣人袁州府宜春縣籍　袁州府學生

治春秋字師蝉行五年二十三六月二十四日生

曾祖伯貴贈太子少保　祖…贈…　父…　母鄧氏　繼母鄧氏

重慶下　弟師孔　師尹　師章　師夔　師龍　娶謝氏

江西鄉試第四十名　會試第七十二名

楊豎禮　貫山東濟南府武定州民籍　府學生

治禮記字立夫行二年二十三正月三十日生

曾祖景道　祖雄　父奎　母張氏　繼母崔氏

重慶下　弟豎勛　娶周氏

山東鄉試第五十八名　會試第三十三名

黃衷

貫廣東廣州府南海縣軍籍 府學生

治詩經字子和行二年二十三六月初五日生

曾祖縁保 祖銘福 父瑭 母蘭氏

具慶下 兄承 弟聚 棗 表 娶鄭氏

廣東鄉試第十三名 會試第九十七名

戴達

貫南京鳳陽府宿州靈璧縣民籍 國子生

治詩經字四京伊行二年三十四二月十五日生

曾祖顯 祖士能 父欽 知州 舉人 前母田氏 母程氏

具慶下 兄通 弟導 進 娶張氏

應天府鄉試第一百九名 會試第七十五名

李達

貫順天府固安縣軍籍 國子生

治詩經字士行行一年三十一 十月十一日生

曾祖士文 祖忠 父順 母孫氏

嚴侍下 弟逵 娶富氏 繼娶許氏 唐氏

順天府鄉試第十八名 會試第二百三十四名

季春

貫山西鎮武衛軍籍直隸高郵州人 代州學生

治易經字縉仁行二年三十二四月二十二日生

曾祖秉乙 祖興 父源 前母許氏 母周氏

慈侍下 兄昇 弟泰 春 恭 娶李氏

山西鄉試第十三名 會試第八十三名

賈詠

貫河南開封府許州臨潁縣匠籍　國子生

治詩經字鳴和行五年三十三十一月初六日生

曾祖景山　祖[illegible]　父瑛[illegible]　母曹氏

具慶下　兄誌　讚　謙　譜　娶張氏

河南鄉試第一名　會試第一百四十三名

何俊

貫順天府大興縣軍籍浙江蘭谿縣人　國子生

治詩經字邦彥行一年三十九正月三十日生

曾祖祉善　祖仕信　父文玉義官　母信氏

永感下　娶李氏

順天府鄉試第一十五名　會試第一百二十九名

第三甲二百名

賜同進士出身

汪偉 貫江西廣信府弋陽縣民籍 國子生

治易經字器之行七年二十六三月十二日生

曾祖忠福教授 祖仲端贈刑部郎中 父鳳知府 母祝氏封宜人

具慶下 兄僎工部郎中 佑 俊翰林院庶吉士 弟佃 代 俯 娶徐氏 繼娶龔氏

江西鄉試第二名 會試第六十七名

傅習

貫羽林右衛籍江西進賢縣人 國子生

治詩經字秉學行二十八年三十五正月二十四日生

曾祖秉能 祖德威 父明昌 [illegible] 前母萬氏 母陳氏

具慶下 兄隆 前錦衣衛百戶 深 儒 監生 娶萬氏

順天府鄉試第三十九名 會試第九十九名

徐聯

貫長淮衛官籍江西南豐縣人 鳳陽府學生

治詩經字成章行六年三十八正月二十九日生

曾祖梅 祖景仁 父景春 百戶 嫡母李氏 生母高氏

慈侍下 兄福 壽 海 訓導 繼 百戶 娶田氏

應天府鄉試第一百二十九名 會試第三十六名

田瑛　貫四川重慶府合州民籍　國子生
治易經字玉汝行三年三十一二月初十日生
曾祖文進　祖舜翔　父荊[illegible]　母郭氏
具慶下　兄璽　琮　弟璞　瑞　娶汪氏
四川鄉試第二十七名　會試第二百六十六名

胡洪　貫浙江紹興府餘姚縣匠籍　國子生
治禮記字淵之行三年三十五二月初一日生
曾祖覲岳　祖尚古　父玘宗　母陳氏　繼母黃氏
嚴侍下　兄溢　澄　弟明　娶傅氏
浙江鄉試第六十五名　會試第九十五名

黎鳳

貫江西臨江府新喻縣民籍 國子生

治詩經字乾兆行四年三十二六月十一日生

曾祖敏才 祖明啓 父紹魁 母劉氏

慈侍下 兄乾明 乾象 乾元 弟龍 娶敖氏 繼娶李氏

江西鄉試第四十九名 會試第五十七名

莊典

貫廣東潮州府揭陽縣民籍 國子生

治書經字傳之行一年三十一閏三月廿九日生

曾祖端集 祖遜 父晟 母張氏

慈侍下 弟賜 禮 娶王氏

廣東鄉試第二十三名 會試第一百十一名

許承芳 貫山西太原府陽曲縣軍籍 縣學生

治書經字世美行一年二十一十一月初八日生

曾祖子信 祖賢（贈監察御史） 父（文林郎知縣） 前母趙氏（贈孺人） 母陳氏（封孺人）

嚴侍下 弟承殷 承宗 娶孟氏 繼娶靳氏

山西鄉試第十一名 會試第一百八十三名

郭鄩 貫直隸廣平府肥鄉縣民籍 國子生

治詩經字千齡行一年三十一八月初五日生

曾祖承武（贈山） 祖謙（贈） 父悳（知府） 母梁氏（封孺人）

永感下 弟鄉 郱 娶王氏 繼娶張氏 徐氏

順天府鄉試第二十名 會試第四十一名

葉天爵

貫直隸徽州府婺源縣民籍　縣學生

治禮記字良貴行六年二十六十一月二十四日生

曾祖玄六　祖觀武　父兆九　母游氏

具慶下　兄天慶　弟天球　天榮　娶張氏

應天府鄉試第四名　會試第十三名

王鏌

貫福建泉州府晉江縣鹽籍　國子生

治易經字子鎡行六年三十二九月二十六日生

曾祖宗道　祖璋　父啓宏　母鄭氏　繼母楊氏

慈侍下　兄鐵　璜　琅　弟潮　瑁　鉞　鐵　娶顧氏

福建鄉試第二十三名　會試第二十八名

張偉　貫四川成都府內江縣民籍　國子生

治書經字汝賢行四年三十八月十二日生

曾祖雄[illegible]　祖彥常[illegible]　父斐　母高氏　繼母鍾氏

具慶下　兄傑[illegible]作　璜　珹[illegible]作　璽[illegible]　弟恩　仟　娶李氏

四川鄉試第十三名　會試第八十五名

張鳴鳳　貫山東東昌府清平縣民籍　國子生

治書經字子鳴行三年三十九十一月十一日生

曾祖友誠　祖清　父能　母趙氏

具慶下　兄鵬　文　弟如鵬　鵬　文　娶陳氏

山東鄉試第二名　會試第一百六十一名

邵坤 貫浙江紹興府餘姚縣軍籍 國子生

治禮記字文博行二年三十四六月十九日生

曾祖仲魯 祖偉 父有信 前母楊氏 母徐氏

慈侍下 [illegible] 娶周氏

浙江鄉試第三十一名 會試第二百五名

余正 貫湖廣漢陽府漢陽縣軍籍 國子生

治書經字端卿行三年三十六三月二十七日生

曾祖子隆 祖仲先 父樾 知州 母朱氏

永感下 兄清 寧 娶陳氏

湖廣鄉試第六名 會試第二百七十八名

何天衢

貫湖廣永州府道州匠籍　國子生

治詩經字通亨行三年三十二六月十四日生

曾祖呂　祖志中　父福[illegible]　母陳氏

永感下　兄秀清　弟天叙　發　娶汪氏

湖廣鄉試第七十名　會試第一百五十三名

劉台

貫四川重慶府巴縣民籍　國子生

治春秋字衡仲行三年三十二正月二十三日生

曾祖克明　祖剛[illegible]　父[illegible]　母鄧氏[illegible]

重慶下　兄相　春[illegible]　弟耆　娶[illegible]氏

四川鄉試第一名　會試第十四名

王孝忠

貫四川重慶府南充縣民籍　縣學生

治易經字全之行一年三十二十二月初四日生

曾祖希仙　祖[illegible]　父[illegible]　前母唐氏　母王氏

慈侍下　弟孝友　娶唐氏

四川鄉試第一名　會試第十七名

金達

貫應天府[illegible]浙江寧波府鄞縣民籍　儒士

治詩經字孝[illegible]行一年二十五九月二十九日生

曾祖仲廣　祖存節[illegible]　父澤[illegible]　母范氏[illegible]

具慶下　弟述　娶凌氏

浙江鄉試第八名　會試第一百二十名

李璽

貫陝西鳳翔府鳳翔縣匠籍 國子生

治詩經字朗信行三年四十四二月十九日生

曾祖義 祖寬 經歷 父安 母劉氏

永感下 兄瓚 琰 娶石氏

陝西鄉試第一名 會試第八十一名

邵有道

貫江西南康府都昌縣民籍 國子生

治詩經字廣日行三年三十一三月二十四日生

曾祖思本 祖元博 父庠 母詹氏

具慶下 兄存道 聯 弘道 安道 貴道 興道 娶葉氏

江西鄉試第四十七名 會試第二百四十一名

湯沐　貫直隸常州府江陰縣民籍　國子生
治書經字新之行四年三十七十一月十八日生
曾祖榮　祖仲器　父虞 義官　母胡氏
永感下　兄淮　濟　湘　弟吶　娶陳氏
應天府鄉試第六名　會試第二百四十六名

歐陽瓊　貫江西廣信府鉛山縣民籍　國子生
治書經字汝玉行二年三十四十一月二十三日生
曾祖仁　祖谷應　父章　母吳氏
永感下　兄垣　琛　珙　娶祝氏
江西鄉試第三十二名　會試第二百一十三名

林珹

貫福建泉州府晉江縣民籍　儒士

治易經字時獻行三年二十七七月初一日生

曾祖伯亨　祖仕森　父亶　母蔡氏

具慶下　兄珏　壂　弟輪　軒　轅　錦　娶郭氏

福建鄉試第八名　會試第一百六十三名

趙士俊

貫湖廣荊州府石首縣民籍　縣學生

治詩經字孟章行八年三十七月二十日生

曾祖榮懋　祖遜耆　父敬訓導　母劉氏

具慶下　兄士賢　士[illegible]　士能　弟士偉　娶劉氏

湖廣鄉試第八名　會試第二十三名

郭東山 貫山東萊州府掖縣軍籍 國子生

治詩經字魯瞻行二年二十七二月初九日生

曾祖广新 祖宗 父釗[illegible] 母侯氏

慈侍下 兄僦 娶毛氏

山東鄉試第六十七名 會試第二百四十三名

汪循 貫直隸徽州府休寧縣民籍 國子生

治春秋字進之行一年四十五三月初十日生

曾祖宗良 祖思文以例冠帶 父鳳英 母方氏

具慶下 弟周 齊 娶余氏

應天府鄉試第四名 會試第二百十一名

陳茂烈 貫福建興化衛軍籍浙江瑞安縣人 國子生
治書經 字時周 行一 年二十八 六月二十三日生
曾祖伯洪 祖慶四 父善祥 母張氏
慈侍下 娶鄭氏
福建鄉試第十二名 會試第二十七名

王崇獻 貫山東兗州府曹州曹縣民籍 縣學生
治書經 字[illegible] 行四 年二十七 二月初十日生
曾祖導 [illegible] 父珣 [illegible] 母李氏 繼母孔氏 黃氏 [illegible]
具慶下 兄[illegible] 娶陸氏
山東鄉試第二名 會試第四十二名

楊溢

貫直隸常州府武進縣民籍 國子生

治詩經字宗謙行七年四十七九月二十四日生

曾祖名之 祖仲文 父孝 母錢氏

[illegible] 娶金氏

應天府鄉試第一百六名 會試第二百四十八名

張鳴鳳

貫直隸松江府上海縣民籍 府學生

治詩經字世祥行二年三十二十一月二十四日生

曾祖林 祖紹[illegible]贈刑部主事 父[illegible]刑部[illegible] 母尹氏[illegible]人 繼母[illegible]氏封安人

具慶下 兄鳴鸞貢士 弟鳴鶴 鳴鴻 娶朱氏

應天府鄉試第四十二名 會試第一百二十二名

蕭敏　貫江西贛州府雩都縣民籍　國子生
治詩經字淳仁行二年四十一十二月二十日生
曾祖了盛　祖大章　父部　母鄧氏　繼母廖氏
慈侍下　兄鏘　弟賓　娶朱氏　繼娶廖氏
江西鄉試第三十名　會試第八十七名

王春　貫遼東廣寧左衛官籍直隸[illegible]縣人　國子生
治詩經字景陽行二年三十四十二月十九日生
曾祖成[illegible]指揮使　祖信指揮使　父榮　嫡母倪氏　生母宋氏
慈侍下　兄泰指揮同知　弟春　娶郭氏
山東鄉試第六十七名　會試第二百四十五名

費愚

貫浙江紹興府山陰縣軍籍　國子生

治詩經字希明行一年四十七五月十三日生

曾祖原澤　祖晟　父傑 醫學正科　母楊氏

嚴侍下　弟思　懋　娶鈕氏

浙江鄉試第八十五名　會試第二百十二名

弓元

貫應天府江浦縣民籍　國子生

治詩經字大方行二年四十三二月二十八日生

曾祖欽孝　祖敬宗　父讚 陰陽訓術　母文氏

永感下　兄成 監生　娶黃氏

應天府鄉試第一百十七名　會試第六名

王九思 貫陝西西安府鄠縣民籍 國子生
治易經字敬夫行一年二十九七月初二日生
曾祖琰[illegible] 祖鉉[illegible] 父儒[illegible] 母劉氏
重慶下 弟九叙 九皋 九峯 娶趙氏
陝西鄉試第二十一名 會試第四十五名

邢昭 貫順天府三河縣民籍 縣學生
治易經字孟明行二年三十五五月二十七日生
曾祖仲和 祖貴[illegible] 父鑑[illegible] 前母胡氏 母胡氏
永感下 兄暉 娶王氏 繼娶羊氏
順天府鄉試第三十八名 會試第二百七十三名

徐朝元 貫河南衛輝府汲縣民籍 國子生
治書經字一敬行二年二十九十月十六日生
曾祖潭[illegible] 祖鳳[illegible] 父肇[illegible] 母路氏
具慶下 兄拱元貢生 娶李氏
河南鄉試第十六名 會試第二百二十五名

徐行慶 貫江西撫州府金谿縣民籍 國子生
治易經字思道行二二十五年三十一二十月二十一日生
曾祖孟常 祖貴謙贈主事 父霖知府 母陳氏封宜人
具慶下 兄從慶 篤慶 弟徵慶 娶吳氏 繼娶羅氏
江西鄉試第三十四名 會試第一百四十九名

范兆祥 貫江西南昌府豐城縣民籍 國子生

治詩經字廷和行七年三十六二月十二日生

曾祖均謨 祖再昌謙 父文盛 前母孫氏 母鄒氏

永感下 兄元 宣 愷 弟應祥 允祥 娶潘氏

江西鄉試第五十九名 會試第一百九十八名

蔣曙 貫廣西桂林府全州民籍 國子生

治禮記字景明行七年二十二十月初一日生

曾祖子瑞 祖堅初 父志濱 母黃氏

慈侍下 兄昕 暾 時貢士 昫 眼 暐 娶文氏

廣西鄉試第五名 會試第二百六十八名

張璡 貫山西潞州民籍 國子生
治詩經字伯純行一年三十 五月十六日生
曾祖彬 祖綸 父廣 母宋氏
具慶下 弟琛 斑 娶劉氏 繼娶宋氏
山西鄉試第四十二名 會試第一百十九名

劉鑾 貫山東濟南府章丘縣民籍 國子生
治詩經字思武行一年三十八月十三日生
曾祖漢臣 祖時 父濬 母張氏
慈侍下 弟楫 娶董氏
山東鄉試第五十七名 會試第一百八名

沈信

貫直隸蘇州府崑山縣民籍　縣學生

治書經字循初行二年二十七六月初十日生

曾祖明（封工部員外郎）　祖祥（布政司參議）　父厚　前母顧氏　母徐氏

具慶下　兄倣　儀　仁　倫　傑　弟儉　俊　份　侃　僑　娶顧氏

應天府鄉試第十名　會試第一百二十五名

周霖

貫陝西西安府乾州軍籍　國子生

治禮記字希說行一年三十五十月二十八日生

曾祖貴　祖鏞　父瑄（耆）　母陳氏　繼母曹氏

具慶下　弟震　霂　娶王氏

陝西鄉試第二十五名　會試第二百八十六名

胡道 貫江西吉安府安福縣民籍 縣學生

治易經字濟時行三年三十八九月二十九日生

曾祖叔應 祖宣易 父珍 母彭氏

慈侍下 兄淇 準 貢士 惠 弟仰 儒 選 娶鄒氏

江西鄉試第二名 會試第九十三名

楊武 貫陝西鳳翔府岐山縣軍籍 國子生

治詩經字宗文行三年三十三四月十四日生

曾祖俊 祖忠 父禮 前母龐氏 白氏 母羽氏

永感下 兄全 玘 娶郭氏 繼娶葛氏

陝西鄉試第三十一名 會試第二百二名

姚文淵 貫山東濟南府德州平原縣軍籍 國子生

治詩經字宗翰行二年二十二七月初三日生

曾祖贇 祖真 父高 嫡母劉氏 生母張氏

具慶下 兄文逵 弟文溥 文源 娶李氏

山東鄉試第六十一名 會試第二百二十六名

喻時 貫四川成都府內江縣民籍 府學生

治書經字子乾行四年二十五二月二十四日生

曾祖孝誠[illegible] 祖尚志 父順主簿 母蕭氏 繼母李氏

重慶下 兄暲 倚 倫 弟[illegible]遷 僎 曙 暕 昭 曦 暉 娶黃氏

四川鄉試第二名 會試第一百八十八名

陸嵩

貫浙江湖州府歸安縣民籍 國子生

治書經字仲高行三年二十六七月初六日生

曾祖瓚 祖政 父[illegible]綸 母毛氏

永感下 兄嵩[illegible] 崙 弟崗 娶俞氏

浙江鄉試第六十五名 會試第二百二十七名

張惟

貫四川順慶府南充縣民籍 國子生

治易經字云驥行四年三十五十二月二十三日生

曾祖友諒 祖瑄 父悳 母范氏

具慶下 兄怡 恂 詢 巖 貢 弟慎 滋 慨 悌 愉 娶王氏 繼娶楊氏 義氏

四川鄉試第四十六名 會試第二百六十一名

傅乾 貫廣西臨桂縣官籍浙江鄞縣人 國子生

治詩經字一清行一年二十二七月初十日生

曾祖雍 祖教之千戶 父釜伏羌主簿 母張氏封安人

具慶下 娶胡氏

廣西鄉試第三十九名 會試第九十四名

宋瑭 貫陝西西安府邠州民籍 國子生

治書經字德潤行二年三十九七月十五日生

曾祖士廉 祖八 父希祿 母席氏

慈侍下 兄鎮 娶劉氏 繼娶高氏

陝西鄉試第五十名 會試第九十六名

李高
貫河南開封府歸德州虞城縣民籍 國子生
治詩經字自卑行二年三十六四月初十日生
曾祖子剛 祖貞 父約贈 前母陽氏 母管氏 繼母程氏
慈侍下 兄韶 華 弟遠 隆 娶樊氏 繼娶劉氏
河南鄉試第十九名 會試第二百六十二名

張弘至
貫直隸松江府華亭縣民籍 國子生
治禮記字時行行五年二十五四月十八日生
曾祖子英 祖熊應[illegible]主事 父弼[illegible] 母王氏封安人加封太恭人
慈侍下 兄弘任[illegible] 弘宜[illegible] 弘璧 弘瑤 弟弘[illegible] 弘丞 弘不 弘丰 弘玉 弘金 娶盛氏
應天府鄉試第五名 會試第一百三十三名

楊鳳　貫府軍前衛籍湖廣黃州衛人　國子生

治春秋字文明行一年三十一十月十五日生

曾祖福源　祖英封中書舍人　父泰清曾貴正□人　母孫氏封□人　繼母黃氏

重慶下　弟鵬　鶴　鵬　鴻　鸞　娶徐氏

順天府鄉試第四十二名　會試第二百三十三名

徐恍　貫直隸河間府肅寧縣民籍　國子生

治春秋字克心行一年二十九八月十六日生

曾祖福封□□　祖清府監察御史封刑部主事　父佑舉　母宋氏

具慶下　弟恂　娶鄭氏

順天府鄉試第四名　會試第一百三十四名

方崙

貫江西廣信府上饒縣軍籍 國子生
治書經字靜夫行三年二十八正月初七日生
曾祖克讓 祖夢麒 父裕 母周氏
慈侍下 兄崇貢士 嵩 嵒貢士 崑 娶胡氏
江西鄉試第十五名 會試第二百九名

熊士吉

貫江西撫州府臨川縣民籍 國子生
治易經字伯儁行五年三十四十二月初七日生
曾祖正觀 祖惟省 父世昌 前母王氏 母過氏
具慶下 兄麗 概 娶阮氏 繼娶支氏
江西鄉試第八名 會試第一百九名

張羽

貫直隸揚州府泰興縣軍籍　縣學生

治詩經字鳳舉行一年二十九月十五日生

曾祖忠　祖琳　父瀚　母蔡氏

具慶下　弟翀　翔　翹　[illegible]　娶胡氏

應天府鄉試第十五名　會試第一百五十一名

何正

貫江西臨江府新淦縣民籍　國子生

治詩經字立經行一年四十三月初七日生

曾祖[illegible]　祖[illegible]　父弘桐　母甘氏

具慶下　娶孟氏

江西鄉試第四十七名　會試第二百三十九名

寇儉

貫山西太原府榆次縣軍籍　國子生

治詩經字約之行四年三十七七月初五日生

曾祖彥清　祖璞　父玘　母張氏

慈侍下　兄寧　鐵　恭　監生　弟謙　娶王氏

山西鄉試第十一名　會試第一百九十四名

陳大紀

貫浙江紹興府上虞縣匠籍　國子生

治詩經字勉之行三年三十四八月初五日生

曾祖倧　祖澈興　父世英　母史氏

重慶下　兄經綸　弟大綸　大經　大績　大紳　大紋　娶徐氏　繼娶張氏

浙江鄉試第四十六名　會試第二百七十四名

瞿銓

貫太醫院醫籍河南洛陽縣人 國子生

治春秋字秉衡行二年三十九四月十七日生

曾祖宗器[illegible] 祖觀[illegible] 父瓊[illegible] 母潘氏封淑人

具慶下 兄[illegible] 弟欽 [illegible] 鍈 鈜 鎮 娶張氏

河南鄉試第十名 會試第二百九十二名

吳宗周

貫直隸寧國府宣城縣儒籍 國子生

治詩經字子旦行十年四十六七月初二日生

曾祖原[illegible] 祖[illegible] 父文常 母王氏

永感下 兄宗膺 宗儒 [illegible] 宗程 娶侯氏 繼娶金氏

應天府鄉試第四十三名 會試第四十九名

湯禮敬

貫直隸鎮江府丹陽縣軍籍 國子生

治書經字仁甫行一年三十八三月二十四日生

曾祖允中 祖鎮 父琳 母周氏

永感下 弟禮謙 娶何氏 繼娶臧氏

應天府鄉試第五十七名 會試第一百六十八名

薄彥徽

貫山西太原府陽曲縣民籍 縣學生

治詩經字舜美行四年二十四十二月二十四日生

曾祖景春 祖鄘 父銘 母田氏

具慶下 兄彥珙 彥瑋 彥琛 娶張氏

山西鄉試第二十九名 會試第一百四十名

孫磐

貫遼東定遼中衛軍籍山東掖縣人 都司學生

治書經字伯堅行一年三十九月二十四日生

曾祖義 祖旺 父敏 母曹氏

重慶下 弟岩 碧 安 娶劉氏

山東鄉試第五十六名 會試第一百三十九名

陳淮

貫錦衣衛官籍揚州府儀真縣人 國子生

治詩經字秀甫行一年二十五十一月初五日生

曾祖崇道 祖忠信 父鐸 試 嫡母張氏 生母周氏

慈侍下 兄淞 洪 浡 戶 娶劉氏 繼娶[illegible]氏 紀氏

順天府鄉試第二十六名 會試第一百六十名

鄒魯

貫四川重慶府江津縣民籍　縣學生

治春秋字尚儒行一年三十七二月初九日生

曾祖子諒　祖頊 義官　父祐 州學正　母王氏

慈侍下　弟𡖖夢 聞 知 佐　娶劉氏

四川鄉試第九名　會試第九十名

崔璽

貫騰驤左衛軍籍山西蔚州人　儒士

治書經字廷用行一年三十四三月二十四日生

曾祖子剛　祖士能　父興　母楊氏

慈侍下　娶李氏

順天府鄉試第一百十二名　會試第一百十八名

李熙　貫應天府上元縣民籍直隸崑山縣人　國子生
治書經字師文行二年三十二八月二十四日生
曾祖茂森　祖昇[illegible]　父昊[illegible]　母王氏[illegible]　繼母趙氏
具慶下　兄勲[illegible]　弟熊　默　娶姚氏
應天府鄉試第六十名　會試第一百三十二名

黃獻　貫浙江紹興府餘姚縣軍籍　國子生
治禮記字朝用行二十六年二十四[illegible]月初十日生
曽祖允謙　祖慎　父堅　母胡氏
嚴侍下　弟瑚　璋　璧　娶周氏
浙江鄉試第四名　會試第二百五十八名

吳景　貫直隸寧國府南陵縣民籍　國子生
治詩經字伯暘行十九年二十八月二十一日生
曾祖隆　祖文潛　父琮　嫡母曹氏　生母曹氏
具慶下　兄暉　晞　昺　弟旦　昇　娶徐氏
應天府鄉試第七十二名　會試第一百十名

文晧　貫山西平陽府絳州垣曲縣軍籍　縣學生
治禮記字孔暘行六三年三十七二月十四日生
曾祖智　祖尊昇　父秀　母張氏
具慶下　兄閏　昌　娶楊氏
山西鄉試第九名　會試第二百四十九名

許讚　貫河南河南府陝州靈寶縣民籍　縣學生

治禮記字廷美行三年二十四七月初四日生

曾祖實　祖顒[illegible]　父進[illegible]　母高氏封[illegible]

具慶下　兄詔貢士　誥貢士　弟記　詞　詰　論　詩　娶李氏

河南鄉試第五名　會試第六十八名

葛浩　貫浙江紹興府上虞縣民籍　國子生

治禮記字天宏行六年三十四十二月初九日生

曾祖啓[illegible]　祖文玉　父用聲　母鄭氏

具慶下　兄澤　漢　璣　弟增　潛　滂　娶俞氏

浙江鄉試第十名　會試第二百一十九名

馮永圖 貫山西太原府陽曲縣軍籍 府學生

治詩經字[illegible]行二年三十九九月二十四日生

曾祖德 祖興 父通 母馬氏 繼母宋氏

具慶下 兄永俊 弟永堅 永昌 永錫 娶李氏

山西鄉試第十六名 會試第二百八十二名

趙慰 貫直隸天津衛官籍直隸盧龍縣人 衛學生

治書經字本安行五年二十六九月初九日生

曾祖榮千戶 祖雄千戶 父福千戶 母許氏

重慶下 兄惠千戶 恕 愈 懋 瓚 弟琅 娶游氏

江西鄉試第四十五名 會試第七十四名

周道

貫河南河南府鞏縣民籍　國子生
治易經字嘉猷行三年四十一八月二十八日生
曾祖儼 汝州府經歷　祖禎　父貴 太平縣訓導　母霍氏
慈侍下　兄輔 佐　弟臣 相　娶李氏
河南鄉試第十七名　會試第二百七十九名

陳琳

貫福建興化府莆田縣民籍　國子生
治詩經字王晴行四年三十五十二月二十四日生
曾祖伯奇　祖廷俊　父崇耆　母林氏
慈侍下　兄瑾 璋 玥官 教諭　弟珊　娶吳氏　繼娶王氏
福建鄉試第二名　會試第二百三十名

張繹 貫雲南臨安府建水州民籍 國子生
治詩經字思紹行五年二十八十一月初七日生
曾祖善夫 祖瑛 父鏊宗副[illegible] 前母陵氏 母楊氏
具慶下 兄縉監生 緒 字 卣 弟綸 娶趙氏
雲南鄉試第二十三名 會試第二百九十八名

周熊 貫陝西西安前衛軍籍 娶[illegible]氏
治易經字應文行一年三十五十二月初三日生
曾祖敬 祖成 父清 母羅氏
慈侍下 娶王氏
陝西鄉試第十二名 會試第一百五十五名

林正茂　貫直隸泰州千戶所軍籍福建福清縣人　州學生

治詩經字孔時行一年三十　閏三月初一日生

曾祖文　祖誠　父贊 生員　母唐氏

具慶下　弟正葵　華　正蔓　娶許氏

應天府鄉試第[illegible]十名　會試第二百名

孫[illegible]　貫直隸揚州府泰州衛官籍直隸泰興縣人　國子生

治書經字[illegible]之行二年三十　十二月二十一日生

曾祖欽 鎮撫　祖澄 鎮撫　父森 鎮撫　母吳氏　繼母龐氏

嚴侍下　兄[illegible]　弟[illegible]　娶李氏

順天府鄉試第[illegible]名　會試第二百四十二名

李翔

貫湖廣孝感縣軍籍　國子生
治書經字鳳儀行二年三十六月初三日生
曾祖永賢　祖隆　父溥貢士　母方氏
慈侍下　兄翮　弟翀　翰　翼　翱　娶王氏
湖廣鄉試第二十二名　會試第一百七十一名

袁陽

貫直隸保定府滿城縣軍籍直隸保定府[illegible]縣人　國子生
治易經字健甫行二年二十一十月二十日生
曾祖鑑　祖廣刑部郎中　父溥教諭　母孫氏
具慶下　兄作　弟階　娶高氏
順天府鄉試第六十七名　會試第一百九十七名

劉汝爲 貫直隸保定府唐縣軍籍 國子生
治詩經字建宣行三年三十七八月三十日生
曾祖聚 祖者[illegible] 父瑜[illegible] 母袁氏 繼母寇氏
具慶下 兄汝翊 汝明 弟[illegible] 汝敎 娶杜氏
順天府鄉試第四十七名 會試第二百七十名

黃圻 貫福建漳州府龍溪縣民籍 國子生
治易經字[illegible]行一年三十七五月十七日生
曾祖[illegible]章 祖大年 父[illegible] 母[illegible] 繼母蔡氏
慈侍下 弟[illegible] [illegible] [illegible] 娶周氏
福建鄉試第三十六名 會試第二百七十一名

徐海 貫浙江衢州府常山縣民籍 縣學生
治易經字伯容行五十五年三十九月二十四日生
曾祖德裕 祖永 父白 母曹氏
嚴侍下 弟淵 娶姜氏
浙江鄉試第二十二名 會試第一百七十九名

張禮 貫山西太原府石州民籍 國子生
治易經字天秩行五年四十三八月初一日生
曾祖居 祖大全 父讓 母車氏
具慶下 兄文通 文[illegible] [illegible] 文達 文[illegible] 弟文紳 文運 娶李氏
山西鄉試第九名 會試第二百五十六名

陸崑　貫浙江湖州府歸安縣民籍　國子生

治書經字如崑行一年三十二十一月十四日生

曾祖順　祖敬　父[illegible]　母毛氏

永感下　弟[illegible]　萬[illegible]　澗　娶董氏

浙江鄉試第七十一名　會試第一百九十名

張時叙　貫直隸河間府滄州民籍　國子生

治書經字九叙行三年三十一八月二十四日生

曾祖惟恭　祖峻　父[illegible]　母王氏

慈侍下　兄時敏　時政　弟時[illegible]　娶趙氏　繼娶[illegible]氏

順天府鄉試第三十二名　會試第二十九名

錢朝鳳　貫直隸常州府靖江縣軍籍　縣學生

治詩經字子翔行一年二十八十一月十八日生

曾祖思敬　祖錦 義官　父璜 貢士　母方氏

重慶下　弟朝聘　娶楊氏

應天府鄉試第八十一名　會試第二百二十八名

安仁　貫河南開封府太康縣民籍　縣學生

治書經字存德行二年三十四五月初七日生

曾祖居　祖康 知州　父正　前母毛氏　母李氏

具慶下　兄行 監生　弟信　僴　傚　娶王氏

河南鄉試第五十八名　會試第一百五十名

安奎 貫直隸真定府趙州民籍 州學生

治易經字仁應行十八年二十八十一月初五日生

曾祖時中 祖榮 父求 母楊氏

慈侍下 兄禧 弟卦 娶孫氏 繼娶王氏

順天府鄉試第十一名 會試第二十一名

沈賚 貫浙江寧波府慈谿縣民籍 國子生

治詩經字功懋行二年十八八月二十一日生

曾祖澤 祖尹嶠 父琮 母孫氏

重慶下 兄貴 邊 寶 晏 昱 娶王氏

浙江鄉試第八十六名 會試第二百八十七名

崔暠 貫保定前衛官籍山東濟州人 國子生
治易經字景暉行二年三十二五月十三日生
曾祖智全 祖喜[illegible] 父森[illegible] 母[illegible]氏 繼母[illegible]氏
慈侍下 兄昺 娶劉氏 繼娶李氏
順天府鄉試第二十五名 會試第二百十五名

楊譽 貫浙江杭州府昌化縣民籍餘姚縣人 國子生
治書經字士美行一年二十四十月二十三日生
曾祖宗玘 祖伯生 父禮 母黃氏
具慶下 娶戴氏
浙江鄉試第五十四名 會試第二百四十一名

夏鼎 貫府軍衞軍籍江西貴溪縣人 國子生

治詩經字汝梅行二年三十一四月二十七日生

曾祖原友 祖自新 父君熙 前母饒氏 母徐氏

永感下 兄宏 勝 娶吳氏 繼娶巨氏

順天府鄉試第六十七名 會試第一百六十四名

朱諫 貫浙江溫州府樂清縣軍籍 府學生

治詩經字君佐行一年三十十一月二十八日生

曾祖則訓 祖從學 父碩 母侯氏

重慶下 弟庠 詰 娶張氏

浙江鄉試第十二名 會試第一百四十八名

馬應祥 貫[illegible]山東高苑縣人 國子生

治易經字公順行一年三十九七月十九日生

曾祖道原 祖昇 父倫 母王氏

重慶下 弟應[illegible] 娶徐氏 繼娶徐氏

陝西鄉試第二名 會試第二百三十五名

詹鎮 貫浙江處州府松陽縣民籍 國子生

治書經字天球行七年三十五正月十一日生

曾祖熊升 祖國方 父貴威[illegible] 前母張氏 母盧氏封太安人

永感下 兄熙 肆 壽 海 倫 雨 廣東右參政 娶包氏

浙江鄉試第十四名 會試第一百五十二名

李恕

貫陝西西安府同州白水縣軍籍 國子生

治書經 字道夫 行一 年三十八 正月初二日生

曾祖惟忠 祖[illegible] 父文政 母康氏

永感下 弟求 娶宋氏

陝西鄉試第六名 會試第一百四十七名

王禾

貫順天府宛平縣[illegible]民籍 國子生

治詩經 字世榮 行一 年四十一 七月十三日生

曾祖志中 祖[illegible] 父[illegible] 母李氏

永感下 娶[illegible]氏

順天府鄉試第[illegible]名 會試第七十七名

秦昂 貫山西平陽府蒲州軍籍 國子生
治詩經字民望行一年三十六正月二十七日生
曾祖孟仕 祖叔英 父賢 母關氏
慈侍下 兄晏 昆 昇 昌 娶耿氏
山西鄉試第二名 會試第二百十六名

貢安甫 貫直隸常州府江陰縣民籍 縣學生
治詩經字克仁行一年二十五十月二十日生
曾祖懷政 祖伯振 父斌 貢士 母金氏 繼母陳氏
重慶下 娶陸氏
應天府鄉試第七十二名 會試第二百二十一名

潘鏜　貫直隸廬州府六安州軍籍　國子生

治易經字宗節行二年三十二十二月十八日生

曾祖格　祖岳雲南道監察御史　父禎四川左布政使　母王氏封淑人　繼母許氏

具慶下　兄鍊監生　弟鑛義官　鈿　鍇　娶韋氏

應天府鄉試第一百二十三名　會試第二百九十一名

曹來旬　貫河南開封府鄭州匠籍　州學生

治詩經字伯良行一年二十六四月初一日生

曾祖秉大　祖敬　父宗璉　母[illegible]氏

重慶下　弟來寘　來咨　來崇　來賁　娶[illegible]氏

河南鄉試第二十一名　會試第二百九十六名

戴銑

貫直隸徽州府婺源縣軍籍 國子生

治書經字寶之行一年三十三三月初四日生

曾祖希英 祖善美 父慶瑞 母吳氏

具慶下 弟鉅 鋉 娶饒氏

應天府鄉試第十一名 會試第七名

余琰

貫四川順慶府廣安州岳池縣軍籍 國子生

治易經字公瑞行二年三十三正月十五日生

曾祖文 祖懷 父自然 母陳氏 繼母田氏 楊氏

慈侍下 兄金 弟璋 娶劉氏

四川鄉試第三十三名 會試第一百三十七名

王璽 貫江西吉安府廬陵縣軍籍 縣學生
治詩經字仲信行一年三十七十一月二十九日生
曾祖子完 祖彥全 父萬說 母胡氏
具慶下 弟[illegible] [illegible] [illegible] [illegible] [illegible] 娶廖氏
江西鄉試第七十三名 會試第一百八十四名

冼光 貫廣東廣州府順德縣民籍 國子生
治易經字[illegible]行一年二十八二月十五日生
曾祖綸 祖福 父安 母楊氏
具慶下 娶[illegible]氏
廣東鄉試第六十二名 會試第二百三名

馬文盛

貫湖廣漢陽府漢陽縣軍籍 國子生

治詩經字郁[illegible]行三 年三十三 九月三十日生

曾祖友德 祖[illegible] 父謹[illegible] 母曹氏

嚴侍下 兄文佐 生[illegible] [illegible] 弟文高[illegible] 娶王氏

湖廣鄉試第七十名 會試第二百七十二名

馬龍

貫河南衛輝府汲縣民籍 府學生

治書經字[illegible]臣行二 年二十四 正月初八日生

曾祖禮 祖整[illegible] 父英[illegible] 母曾氏 封安人

具慶下 兄闇 娶原氏

河南鄉試第三十二名 會試第二百六十三名

馬騤 貫山西平陽府解州夏縣軍民籍 國子生
治書經字世用行二年二十三 一三月初六日生
曾祖弘毅 祖彬 父忱 母杜氏
具慶 兄馭驁 娶郭氏
山西鄉試第四十七名 會試第七十名

王士昭 貫福建福州府侯官縣匠籍 縣學生
治儀禮記字希怀行四年三十六月二十日生
曾祖炫 祖貞壽巡檢 父傑 母陳氏
重慶下 弟昱 昆 昇 昊 娶鄭氏 繼娶陳氏
福建鄉試第五名 會試第一百七十二名

蔣欽

貫直隸蘇州府常熟縣軍籍　縣學生

治書經字子修行七年三十八七月初三日生

曾祖道華　祖璵　父鏄　母劉氏　繼母李氏

具慶下　弟鉅　娶嚴氏

應天府鄉試第十二名　會試第十九名

劉珂

貫湖廣武昌府興國州馬船籍　國子生

治易經字公佩行[illegible]年四十一十一月十六日生

曾祖仕華　祖宗哲　父錦 知事　母吳氏

永感下　兄琇 瑯 瑀　弟玑 [illegible] 球 琨 珫　娶陳氏

湖廣鄉試第四十名　會試第二百三十七名

平世用 貫四川成都府內江縣官籍 國子生
治詩經字德屯行一年二十一八月初四日生
曾祖鈕開州知州 祖鈕成 父紹 母楊氏
具慶下 弟世貫 世懋 世賢 世卿 娶徐氏
四川鄉試第三十六名 會試第二百五十三名

程材 貫直隸徽州府休寧縣民籍 國子生
治禮記字良用行二年三十一四月十九日生
曾祖仕良 祖來瑞 父彥興 母曹氏
重慶下 兄和 弟楷 椋 栺 娶方氏
應天府鄉試第五十名 會試第七十六名

韓澤 貫河南南陽府泌陽縣民籍 縣學生
治書經字孔仁行二年三十五十一月十五日生
曾祖三 祖廣翮 父菁 母張氏
重慶下 兄潤 娶劉氏
河南鄉試第六十四名 會試第一百十四名

趙經 貫直隸松江府華亭縣民籍 國子生
治書經字天常行二年三十五月二十二日生
曾祖文通 祖士賢 父璽 母李氏
嚴侍下 兄和 弟綸 娶夏氏
應天府鄉試第十五名 會試第五十五名

吳遠 貫南直隸徽州府歙縣民籍 國子生

治禮記字惟明行二年二十九十月十二日生

曾祖義慶 祖月德 父靜齡 母閔氏

嚴侍下 兄浩 娶汪氏

應天府鄉試第三十一名 會試第一百六十四名

鄒泰 貫浙江紹興府餘姚縣民籍 國子生

治禮記字必和行三年三十六十月十八日生

曾祖餘洪 祖子貞 父天爵 母錢氏

嚴侍下 兄泰燦 泰賢 弟泰哲 泰佐 泰鵬 泰和 泰恭 娶周氏

浙江鄉試第八十六名 會試第八十六名

周季邦 貫江西南昌府寧縣民籍 國子生

治春秋字公遷行八年二十四十月二十九日生

曾祖伯美 祖鎮 父叔偉 母張氏 繼母石氏

具慶下 兄[illegible] 娶[illegible]氏

江西鄉試第十五名 會試第一百九十九名

田登 貫山東兗州府城武縣軍籍 縣學生

治禮記字有年行一年三十二十一月十四日生

曾祖大 祖剛 父銘 訓導 母陳氏

具慶下 弟耘 [illegible] 里 向 界 疇 畛 娶[illegible]氏

山東鄉試第九名 會試第一百四十五名

荀鳳　貫會州衛軍籍直隸徐州人　府學生
治書經字文瑞行一年三十九九月初五日生
曾祖原　祖忠　父敏　母謝氏
具慶下　兄龍　娶陳氏
順天府鄉試第三十六名　會試第四十七名

陳天祥　貫武功左衛軍籍直隸吳江縣人　國子生
治易經字元吉行一年三十五十一月二十一日生
曾祖文寶　祖煥　[illegible]　父昇[illegible]　前母李氏　母阮氏
永感下　弟天助　娶潘氏
順天府鄉試第一百十四名　會試第六十一名

徐璁　貫浙江衢州府西安縣民籍　國子生
治詩經字軏器行八年二十七月二十六日生
曾祖日休洋　祖壽　父讓　母陳氏
慈侍下　兄璇　玹　娶沈氏
浙江鄉試第三十名　會試第三十名

沈恩　貫直隸松江府上海縣竈籍　縣學生
治詩經字仁甫行二年二十五六月初九日生
曾祖晟　祖璨　父鐵　前母錢氏　母謝氏
具慶下　兄與學　弟隆　恕　陟　恪　娶唐氏
應天府鄉試第五十九名　會試第一百二十二名

羅鳳 貫南京□衛軍籍江西泰和縣人 國子生
治書經字子文行一年三十二二月二十四日生
曾祖德源 祖公器 父富 母劉氏
具慶下 弟鵬 娶李氏
應天府鄉試第四十七名 會試第一百八十一名

鄧萬斛 貫四川敘州府富順縣民籍 縣學生
治書經字汝膺行一年二十八七月初二日生
曾祖勝明 州判 □事 祖志興 父恭 母趙氏
具慶下 娶侯氏 繼娶王氏
四川鄉試第五十九名 會試第五十九名

姜文魁

貫江西南昌府進賢縣民籍　縣學生

治書經字士元行六年三十四八月初二日生

曾祖仲敏　祖永初　父子望　母傅氏

慈侍下　兄文昌　文昭　學文璧　娶陳氏

江西鄉試第二名　會試第一百九十三名

楊璋

貫直隸松江府華亭縣匠籍　府學生

治詩經字伯玉行一年三十五十月初二日生

曾祖景高　祖文信　父雲　母宋氏

具慶下　弟璨　琦　璉　娶戴氏

應天府鄉試第十七名　會試第二百九十名

鄭陽 貫直隸保定府安肅縣民籍 國子生
治春秋字宗乾行三年三十三八月十七日生
曾祖興 祖通 父璘 大使 母張氏
永感下 兄陞 祺 弟陛 娶高氏 繼娶董氏
順天府鄉試第六十七名 會試第六十三名

王渙 貫浙江寧波府象山縣民籍 縣學生
治詩經字宗壽行二年三十八七月二十九日生
曾祖泰亨 祖在明 父京 母楊氏
永感下 兄濱 源 湜 洋 湯 演 娶屠氏
浙江鄉試第七十五名 會試第一百三十八名

曹閔

貫直隸松江府上海縣民籍 國子生

治詩經字宗孝行二年二十五十一月初八日生

曾祖林 祖益[illegible] 父奎 母閔氏

重慶下 兄昕 弟溢 淵 暘 乾 潤 源 深 滋 娶楊氏

應天府鄉試第二十九名 會試第二百十四名

杜玧

貫山東兗州府滕縣旗籍 縣學生

治詩經字仲純行六年二十 六月初四日生

曾祖文興指揮 祖春百戶 父紀武舉 嫡母朱氏 生母李氏

慈侍下 弟琪 娶鍾氏

山東鄉試第二十三名 會試第一百五十六名

劉玉 貫江西吉安府萬安縣民籍 國子生
治易經字咸栗行六年三十五十二月十四日生
曾祖俊英 祖□ 父□ 母歐陽氏 繼母孔氏
慈侍下 兄□ □ □ □ 弟廷奎 娶龔氏
江西鄉試第六十二名 會試第二十五名

趙廉 貫武驤右衛軍籍順天府大興縣人 國子生
治易經字清行一年三十七十二月初四日生
曾祖景義 祖昇 父進 母周氏
具慶下 弟庠 庠 娶王氏 繼娶陳氏
順天府鄉試第四名 會試第二十二名

楊溥

貫南京[illegible]衛籍直隸長洲縣人　國子生

治詩經字靜夫行二年三十五十二月十三日生

曾祖景希　祖恕　父釗　前母任氏　母高氏

具慶下　兄源　弟濟　娶湯氏

應天府鄉試第八十一名　會試第一百十七名

閻宇

貫陝西西安府商州匠籍　國子生

治書經字大啓行一年四十十二月十九日生

曾祖銓　祖英監察御史　父佐浙江副使　母宋氏贈恭人　繼母王氏封恭人

重慶下　娶郭氏

陝西鄉試第一名　會試第一百七十七名

魏訥 貫河南開封府鄢陵縣民籍 國子生

治易經字尚默行一年三十七月二十八日生

曾祖立 祖榮[illegible] 父璋[illegible] 母李氏[illegible]

具慶下 弟湛 訓 煙 娶黃氏

河南鄉試第二十三名 會試第二百七十九名

丘泰 貫福建興化府莆田縣軍籍 [illegible]

治書經字守[illegible]行六年三十一九月二十六日生

曾祖傅 祖邦禮[illegible] 父諫[illegible] 母陳氏 繼母朱氏

具慶下 兄[illegible] 弟恭 協 娶林氏 繼娶鄭氏

福建鄉試第二十六名 會試第六十五名

徐淮

貫廣西桂林府臨桂縣民籍 國子生

治書經字伯川行二年二十三四月十六日生

曾祖賢 [illegible] 祖英 父顒 [illegible] 母吳氏 繼母郭氏

重慶下 兄鵬 弟陛 娶傅氏

廣西鄉試第一名 會試第二百三十八名

左輔

貫直隸寧國府涇縣 民籍 縣學生

治易經字鄉之行三年四十二正月十八日生

曾祖勝中 [illegible] 祖有昇 [illegible] 父孟湜 母王氏

永感下 兄然 [illegible] 韶 弟新 娶沈氏

應天府鄉試第二十八名 會試第五十八名

郭經

貫直隸永平府盧龍縣民籍　縣學生

治書經字甄道行一年二十七七月十三日生

曾祖大　祖榮　父謙　前母解氏　母楊氏

永感下　兄綱　紀　弟綸　娶張氏

順天府鄉試第六十五名　會試第二百四名

馮顒

貫廣東瓊州府瓊山縣民籍　國子生

治易經字有孚行二年三十七七月二十四日生

曾祖恭讓　祖彰忠監生　父濂　母許氏

具慶下　兄顯　頎　弟頊　顓　頤　娶吳氏

廣東鄉試第三十八名　會試第二百八十九名

熊卓

貫江西南昌府豐城縣民籍　縣學生

治書經字士選行六年三十三三月二十五日生

曾祖用善　祖君璣　父懋材　母彭氏

具慶下　兄泣　滋　弟湛　沃　娶戴氏

江西鄉試第六十名　會試第二百一十七名

唐錦

貫直隸松江府上海縣民籍　縣學生

治詩經字士綱行五年二十二十二月二十八日生

曾祖懋　祖昭封知州　父璟金山衛經歷仕指揮使　前母徐氏　母趙氏

具慶下　兄鐵　鏞　鋭　鎧　銓　鎰　欽　鎡　錄　銘　錞　娶陸氏

應天府鄉試第十名　會試第一百六十二名

唐欽　貫直隸常州府武進縣官籍　國子生

治詩經字允敬行三年四十一七月初四日生

曾祖伯誠贈大中大夫[illegible]　祖衡贈兵科給事中　父世隆　母潘氏

永感下　兄鏞[illegible]　欽　弟銀　娶秦氏　繼娶陳氏

應天府鄉試第十名　會試第三百名

徐昂　貫直隸揚州府泰興縣民籍　儒士

治易經字文舉行二年三十四十一月初九日生

曾祖富二　祖貴二　父成　母楊氏

具慶下　兄昇　弟顯　娶劉氏　繼娶張氏

應天府鄉試第九名　會試第四十名

王琮

貫直隸保定府安州高陽縣民籍 國子生

治書經字毛振行二年四十一九月初五日生

曾祖守道 祖埜 [illegible] 父能 [illegible] 前母秦氏 母李氏

慈侍下 兄宏 娶張氏

順天府鄉試第四十二名 會試第一百二十八名

顧璘

貫應天府上元縣匠籍直隸吳縣人 附學生

治詩經字華玉行二年二十一七月初二日生

曾祖海 祖誠 父紋 母楊氏

重慶下 兄琮 弟瑛瓚珤瓌瑾玠珩 娶沈氏

應天府鄉試第十四名 會試第十一名

陳文試

貫福建福州府長樂縣 民籍 縣學生

治詩經字道衡行四年三十正月十二日生

曾祖俞 祖昺 父時興 母林氏

永感下 兄秋鴻 貢 文職 文諒 弟文言 文衡 文誦 娶謝氏

福建鄉試第六十六名 會試第二百二十四名

姜佐

貫山東濟南府濱州 軍籍 州學生

治書經字廷輔行一年三十七十一月十九日生

曾祖名謙 祖友才 父[illegible] 前母劉氏 母王氏

慈侍下 弟時[illegible] 娶劉氏 繼娶[illegible]氏

山東鄉試第四十名 會試第九十二名

郁勳

貫直隸蘇州府常熟縣民籍　縣學生

治詩經字元績行一年二十三月十四日生

曾祖[illegible]　祖樂章[illegible]　父寶[illegible]　母張氏封安人

重慶下　弟勛　然　昱　歷　[illegible]　點　魚　娶曹氏

應天府鄉試第八十三名　會試第二百八十四名

薛鎣

貫直隸大名府魏縣民籍　縣學生

治易經字全卿行二年二十三七月初一日生

曾祖公惠[illegible]　祖嵩　父玉　母李氏

具慶下　兄斌　弟賦　贊　綸　焕　彬　娶劉氏

順天府鄉試第八十四名　會試第二百五十九名

張拱　貫直隸揚州府高郵州寶應縣民籍　國子生
治書經字文瑞行二年二十五十二月二十三日生
曾祖安先　祖伯威　父簡　母邢氏
具慶下　兄爃　娶郭氏
應天府鄉試第五十五名　會試第一百二十名

劉麟　貫南京廣洋衛官籍江西安仁縣人　國子生
治詩經字元端行一年二十二九月二十八日生
曾祖仲剛　祖界　父斎　前母胡氏　母蔣氏
具慶下　娶胡氏
應天府鄉試第七十五名　會試第一百四十六名

扈湘 貫四川叙州府富順縣軍籍 縣學生

治易經字孔敏行一年三十五七月初十日生

曾祖應魁 祖永泰 父節 母傅氏

具慶下 弟淮 泗 娶徐氏

四川鄉試第六十一名 會試第二百二十三名

范淵 貫湖廣郴州桂陽縣民籍 國子生

治詩經字静之行二年四十二十一月初十日生

曾祖思倞 祖俞信 父志宣 母朱氏

慈侍下 兄滄 弟汜 瀠 澮 娶何氏

湖廣鄉試第十四名 會試第七十九名

高賓 貫直隸常州府江陰縣民籍 縣學生
治書經字舜穆行四年三十四九月初一日生
曾祖儒 祖遠 父相 母邵氏
慈侍下 兄賜 貸 賢 弟貫 埴 贊 娶楊氏
應天府鄉試第七十一名 會試第一百三十六名

陶諧 貫浙江紹興府會稽縣民籍 縣學生
治春秋字世和行十一年二十三正月二十七日生
曾祖友成 祖壽 父德 母章氏
具慶下 兄[illegible] 弟[illegible] 娶沈氏
浙江鄉試第一名 會試第一百五十四名

劉瑞　貫四川成都府內江縣民籍　國子生

治書經字德夫行九年三十六十二月二十五日生

曾祖友義　祖鑑刑部主事　父時敷山東按察司僉事　母田氏封宜人

慈侍下　兄璜　弟玥　琇　娶汪氏

四川鄉試第六名　會試第十名

聶瑄　貫金吾右衛官籍山東平原縣人　國子生

治詩經字廷器行五年四十一正月初七日生

曾祖寬廷緝指揮使　祖衡指揮使　父惠都指揮同知　母梅氏封太夫人

永感下　兄琳　璣　琦　璡　娶王氏

順天府鄉試第三十九名　會試第二百五十五名

韓廉

貫浙江紹興府餘姚縣民籍 國子生

治禮記字守清行十四年三十五十月初一日生

曾祖鎮[illegible] 祖孟民 父衡 母柳氏

嚴侍下 弟康 雍 唐 京 允 娶范氏

浙江鄉試第四名 會試第四十三名

周璽

貫直隸廬州衛官籍安慶府太湖縣人 國子生

治書經字天章行四年三十六十月初五日生

曾祖榮一 祖彥高 父[illegible] 嫡母胡氏 生母李氏

永感下 兄璞 玥 璧 娶潘氏

應天府鄉試第一百八名 會試第一百七十四名

張昊

貫直隸鳳陽府泗州天長縣民籍 國子生
治詩經字朝元行三年三十八十月初七日生
曾祖僮倪 祖中和 父斌 母王氏 繼母黃氏
慈侍下 兄晶 晃 弟景 昃 昱 娶柳氏
應天府鄉試第十三名 會試第八十九名

甯杲

貫遼東海州衛官籍山東蓬萊縣人 衛學武生
治詩經字仲升行二年二十八二月三十日生
曾祖志源 祖鎧 父浩滁州知州 母周氏
重慶下 兄傑百戶 弟棠監生 娶夏氏
山東鄉試第十九名 會試第二百八名

彭震 貫江西饒州府餘干縣軍籍 國子生

治易經字子壽行一年三十六正月二十九日生

曾祖與敬 祖仲紀 父玉釗 母孟氏

慈侍下 弟雲 霄 娶吳氏

江西鄉試第五十七名 會試第二百五十名

范璘 貫浙江台州府臨海縣民籍 府學生

治書經字敬溫行一年四十九月十八日生

曾祖居安 祖宗輝 父文昇 母沈氏

永感下 娶李氏

浙江鄉試第八十五名 會試第一百三名

劉溥

貫山東濟南府新城縣民籍　國子生

治書經字淵氏行二年三十六三月十九日生

曾祖士宏　祖廸　父震　前母楊氏　母李氏

慈侍下　兄寶　弟潭　娶侯氏

山東鄉試第六十二名　會試第二百七名

王尚賓

貫山西太原府陽曲縣民籍　國子生

治易經字朝貢行二年四十七十二月十六日生

曾祖士原　祖廸　父文昌　母劉氏

永感下　兄子誠　娶丘氏

山西鄉試第十六名　會試第一百二十六名

金麒壽 貫應天府上元縣官籍 國子生
治書經字仁甫行一年四十二七月初九日生
曾祖[illegible] 祖[illegible] 父紳[illegible] 母徐氏[illegible]
永感下 弟麒求 監生 麒[illegible] 娶貢氏
應天府鄉試第五十六名 會試第二百一名

莊襗 貫直隸常州府武進縣民籍 府學生
治詩經字誠之行一年三十九五月二十四日生
曾祖秀九 祖林 父斌 前母[illegible]氏 母[illegible]氏 繼母[illegible]氏
永感下 娶[illegible]氏
應天府鄉試第二十一名 會試第五十二名

戴晃

貫順天府興平縣匠籍直隸[illegible]縣人　國子生

治春秋字從周行二年三十六十月初十日生

曾祖垂裕　祖通　贈[illegible]　父玉　封[illegible]員　母鮑氏　封[illegible]

永感下　兄旻　弟昇　娶王氏

順天府鄉試第三十名　會試第一百八十六名

程乾

貫江西饒州府樂平縣民籍　國子生

治詩經字德易行三年三十六十一月十七日生

曾祖紹進　祖茂勳　父濟柔　母葉氏

慈侍下　弟巽　離　娶吳氏

江西鄉試第六十六名　會試第一百七十五名

儲秀　貫直隸常州府宜興縣民籍　國子生

治詩經字子充行一年三十四九月初六日生

曾祖祖學 [illegible]　祖恩祉 [illegible]　父材 刑部員外郎　母諸葛氏 封宜人

慈侍下　弟吉　化　道　恩　娶尹氏

應天府鄉試第一百名　會試第一百六十四名

唐榮　貫廣西柳州府馬平縣民籍　國子生

治詩經字仁夫行一年二十八閏十一月二十日生

曾祖谷亮　祖晟　父宗讓　母秦氏

永感下　弟漢　霖　娶覃氏

廣西鄉試第三十二名　會試第一百八十名

鄭思紀 貫四川嘉定州犍爲縣官籍 州學生
治禮記字[illegible]禮行四年三十三十一月十四日生
曾祖公隆 祖海 父[illegible] 前母萬氏 母吳氏
慈侍下 兄[illegible] 娶[illegible]氏
四川鄉試第五名 會試第五十三名

陳順 貫浙江金華府金華縣民籍 國子生
治易經字裕夫行一年三十二十月初八日生
曾祖會 祖傑 父琦 母王氏
具慶下 娶潘氏
浙江鄉試第六十名 會試第一百五十九名

張芝　貫直隸徽州府歙縣民籍　國子生
治春秋字廷瑞行九年二十五十月二十日生
曾祖德明　祖原壽　父銘　母胡氏
具慶下　兄立　積　弟明　常　亮　朗　教　建　娶黃氏
應天府鄉試第二十一名　會試第五十八名

鄒賢　貫江西吉安府安福縣軍籍　縣學生
治春秋字恢才行十一年四十三六月十二日生
曾祖克脩　祖仕昌　父原祿　母蕭氏
具慶下　弟賚　贊　貴　娶曾氏
江西鄉試第二十四名　會試第一百二十二名

逯貢 貫山東濟南府歷城縣民籍 縣學生

治禮記字廷實行一年二十一八月十一日生

曾祖文質 贈奉政大夫應天府丞 祖寧 應天府治中 父節 貢士 母董氏

重慶下 娶武氏 繼娶胡氏

山東鄉試第四名 會試第一百六名

任惠 貫直隸永平府灤州軍籍 國子生

治詩經字濟民行六年三十五四月十四日生

曾祖公三 祖全 父玉 母杜氏

慈侍下 兄敬 寬 海 鳳 福 娶邸氏 繼娶岳氏

順天府鄉試第七十九名 會試第二百九十三名

李廷光
貫河南河南府陝州靈寶縣軍籍　國子生
治詩經字伯華行一年三十二三月二十二日生
曾祖希孟　祖郁　父本監生　嫡母王氏　生母孫氏
慈侍下　弟廷輝　娶陳氏
河南鄉試第一十八名　會試第一百九十六名

秦誠通
貫山西平陽府解州聞喜縣民籍　國子生
治詩經字孟陽行一年四十一正月二十日生
曾祖進　祖岩　父恭知縣　母李氏
具慶下　弟誠復　誠立　誠源　娶陳氏
山西鄉試第六十一名　會試第二百八十名

劉烈

貫江西吉安府安福縣民籍 國子生

治春秋字祥炳行一年三十八十二月二十三日生

曾祖昌宗 祖大武 父佩瑞 母曾氏

嚴侍下 弟祥煥杭州府判 祥炫 祥燻 祥燿 祥煇 祥熯 娶楊氏

江西鄉試第四十一名 會試第一百十二名

耿繼玄

貫直隸真定府晉州饒陽縣匠籍 國子生

治書經字顯之行一年二十九十一月初五日生

曾祖士通 祖彖贈太僕寺主簿 父鎣太僕寺主簿 母李氏封孺人

具慶下 娶王氏 繼娶王氏

順天府鄉試第六十九名 會試第二百九十七名

李天衢 貫山西太原府平定州樂平縣軍籍 縣學生

治書經字行之行一年二十三三月二十九日生

曾祖李忠[illegible] 祖寧[illegible] 父岱山[illegible] 母趙氏[illegible]

重慶下 弟天定 娶焦氏 繼娶石氏

山西鄉試第十四名 會試第二百九十四名

王綸 貫陝西西安府咸陽衛官籍西安府咸寧縣人 國子生

治春秋字演之行一年三十二十月二十二日生

曾祖敬 祖忠 父福[illegible] 母魏氏 繼母任氏

慈侍下 兄經[illegible] 弟緒 綎 娶楊氏

陝西鄉試第六十一名 會試第四十八名

許藩

貫直隸永平府灤州民籍　州學生

治春秋字邦寶行一年二十八九月初一日生

曾祖仲文　祖鵠　父佩　母許氏

慈侍下　娶齊氏

順天府鄉試第一百四名　會試第二百七十五名

劉繹

貫山西太原府代州軍籍　國子生

治詩經字以成行十一年三十四正月十三日生

曾祖岩　祖士祥[illegible]　父璣[illegible]吏目　前母趙氏　母韓氏

嚴侍下　兄紹　繹　娶王氏

山西鄉試第二十七名　會試第一百八十七名

白杲 貫直隸真定府南宮縣官籍 縣學生
治詩經字充宇行一年三十六六月二十八日生
曾祖友諒封資善大夫工部尚書 祖瑄七品散官 父森[illegible] 母黄氏 繼母司氏
重慶下 娶常氏 繼娶張氏
順天府鄉試第十名 會試第五十四名

嚴泰 貫山西汾州民籍 國子生
治詩經字時和行一年三十九五月二十三日生
曾祖仲美 祖思忠 父倫 母李氏
具慶下 娶劉氏
山西鄉試第二十四名 會試第一百十五名

曹璟 貫山東兗州府濟寧州嘉祥縣民籍 國子生

治詩經 字廷貴 行一 年三十一 六月十八日生

曾祖彥貴 祖[illegible] 父鐘 母徐氏

具慶下 兄福 貴 玉 璽 琥 弟璘 瓚 娶宋氏

山東鄉試第二名 會試第二十六名

余洙 貫應天府溧陽縣民籍 國子生

治詩經 字宗魯 行三 年三十四 八月二十日生

曾祖季和 祖謙 父恍 母張氏 繼母陳氏

具慶下 兄洞 溢 士 貢 弟泗 洋 潤 河 娶胡氏 繼娶蕭氏

應天府鄉試第十五名 會試第十八名

童品　貫浙江金華府蘭谿縣民籍　國子生

治易經字廷式行十二年五十八七月十三日生

曾祖常　祖乾　父載翔　母陳氏

永感下　弟敏　机　娶陳氏　繼娶陳氏

應天府鄉試第一百二十八名　會試第一百七十六名

按是科進士錄計二百九十八人而有集行世名之著者除宋希周戴敏戴銑楊濟蔡璘等寥寥數人而見文字流傳之不易也

壬戌秋快賞又識

尚有遺賢二人由予補錄　晚振之筆

應天府鄉試錄序

弘治辛酉秋八月當天下鄉試取士之期先期應天府府尹臣雄府丞臣獻具疏以考試官請

上命右諭德臣 侍講臣 東往司試事臣等承

命兢惕廼於閏七月己丑

陛辭即日引道發夜靡寧衝霖

潦凌風濤兼程而至南都時

同考試官學正 臣 瑲 臣 鑰 臣

祺 教諭 臣 唐 臣 寧儉 臣 日皦 臣 萬實

訓導 臣 衷 康 子宣等皆先期而

集屆期既鎖院 華 等相與矢

旨於天廷即試事維時提調臣楊臣獻監試御史臣盧舒臣烈亦率先諸執事內外協心戮力務期是舉不愧於天匪直舉行故事而已再浹旬而試事畢循

制取士一百三十有五人爰列其

名次及梓其文二十篇為錄以獻臣華當序其首昔孔子曰如有王者必世而後仁我

太祖高皇帝以天縱之聖膺

景命而興乃於即位改元之三年首

詔天下開科取士而文教固已

風行於四表矣

列聖相承懋隆紹述尤惓惓以養育賢材崇重科目爲當務之急而文教之浹洽於天下且五世矣況南畿又爲天下首善之地耶華以謭劣備員侍從餘二十年每見館閣儒臣

自南畿校文而至者莫不咨嗟稱羨以爲非天下所及戊午之秋嘗濫承

明命得校文畿內以爲天下之文當於是爲極至是而又獲覩夫南畿之所謂盛者乃作而嘆曰猗歟至哉文之盛也則

又極於此矣郁郁乎渢渢乎

信非天下之所及也然華竊

有論焉夫文風士習因地不

侔廣衍之地其文平以贍通

會之地其文暢以達閎曠之

地其文安以和殷富之地其

文充以肆險絶之地其文奇

以激儉朴之地其文質以簡

而惟南畿之文則平以贍者

暢以達者安以和者充以肆

者奇以激質以簡者無不畢

有焉是豈非以天下英傑之

所萃

聖祖神化之所先而重以

列聖作養之所致耶是宜其間必
有奇特儁偉之才集羣美而
兼衆善者出矣華也敢以是
為南畿之士賀雖然文之盛
於天下固可賀也實之不稱
其名焉亦足憂也主司之取
士固不能舍文而他有所擇

至其所以致望於士者則又
不專於文也古人有言和順
積中英華發外又曰根之茂
者其實遂膏之沃者其光曄
仁義之人其言藹如也主司
者校文於盈尺之紙拔士於
三十之一豈敢自謂吾之明

果能以此隱括其平生而必
其無毫髮之爽耶然讀其言
而義且善適有契於吾之心
庶幾所謂和順積中者耳所
謂根之茂膏之沃而皆仁義
者耳他日幸而名與實偕豈
直不孤主司之望而於

國家作養之恩尚亦無負哉若
夫致飭於詞華文藻之末而
遺棄其身心德義之本施之
空言若有餘而求之實用則
無有是又不獨主司者不明
之責也華也敢以是為南畿
之士規

奉直大夫右春坊右諭德王

華謹序

弘治十四年應天府鄉試

提調官

通議大夫應天府府尹吴雄 文英浙江仁和縣人 戊戌進士

中憲大夫應天府府丞呂獻 玉文浙江新昌縣人 甲辰進士

考試官

奉直大夫右春坊右諭德王華 德輝浙江餘姚縣人 辛丑進士

翰林院侍講劉忠 司直河南陳留縣人 戊戌進士

同考試官

山東東昌府高唐州儒學學正何瓘 汝和廣東順德縣人 癸卯貢士

湖廣寶慶府武岡州儒學學正趙鑰 時啓浙江東陽縣人戊午貢士

直隸永平府灤州儒學學正吳積 貴德江西豐城縣人[illegible]酉貢士

福建延平府永安縣儒學教諭陸唐 文盛浙江餘姚縣人壬子貢士

福建漳州府南靖縣儒學教諭王宗儉 賓夫廣東饒平縣人己酉貢士

浙江紹興府新昌縣儒學教諭陳曰淑 子善福建莆田縣人乙卯貢士

湖廣常德府龍陽縣儒學教諭江萬實 若虛四川大竹縣人壬子貢士

湖廣黃州府蘄州儒學訓導林東 東[illegible]福建連江縣人丙午貢士

浙江寧波府儒學訓導朱子宣 中甫福建莆田縣人乙卯貢士

監試官

南京廣西道監察御史趙繼爵 世忠陝西同州人 癸丑進士

南京河南道監察御史劉烈 祥炳江西安福縣人 丙辰進士

印卷官

應天府治中邢昊 仲高直隸華亭縣人 丙子貢士

應天府通判程安 魁甫直隸宋遊衛人 癸卯貢士

收掌試卷官

應天府通判戴昊 伯光廣東南海縣人 丁酉貢士

受卷官

應天府句容縣知縣杜棨 君用山西臨縣人 丁酉貢士

南京水軍左衛經歷王舟 汝楫河南滎陽縣人 監生

彌封官

應天府溧陽縣知縣徐淮 伯川廣西臨桂縣人 丙辰進士

南京羽林前衛經歷周達 伯行湖廣沅陵縣人 監生

謄錄官

應天府溧水縣知縣胡玥 朝璽湖廣襄陽衛人 己未進士

南京鷹揚衛經歷王詳 再研湖廣荊門州人 監生

對讀官

應天府江浦縣知縣章文韜 秉[illegible]浙江黄巖縣人 己未進士

二

南京羽林左衛經歷李添富　宜楊四川瀘縣人監生

巡綽官

昭勇將軍南京廣洋衛指揮使趙綱　天叙直隸徐州雙溝人

明威將軍南京龍江左衛指揮僉事孫源　文濱浙江金華縣人

搜檢官

武畧將軍南京留守中衛副千戶王淮　東之直隸鳳陽府人

武畧將軍南京豹韜左衛副千戶李英　世傑河南祥符縣人

南京留守左衛百戶韓勛　廷之直隸束鹿縣人

南京留守後衛百戶趙榮　子仁山東武定州人

供給官

應天府推官何樟 總之直隸泰興縣人庚子貢士

應天府經歷俞椿 廷壽浙江鄞縣人監生

應天府照磨李蕙 時馨直隸宣城縣人監生

應天府上元縣知縣杜焞 維明浙江慈谿縣人乙酉貢士

應天府江寧縣知縣易寵 天錫江西安仁縣人癸卯貢士

應天府江寧縣主簿朱晟 文明直隸合肥縣人監生

應天府上元縣典史陳森 廷茂浙江慈谿縣人吏員

第壹場

四書

法語之言能無從乎改之為貴巽與之言能無說乎繹之為貴

誠者自成也而道自道也誠者物之終始不誠無物是故君子誠之為貴

以直養而無害則塞于天地之間

易

大哉乾乎剛健中正純粹精也六爻發揮

旁通情也時乘六龍以御天也雲行雨
施天下平也
天道虧盈而益謙地道變盈而流謙鬼神
害盈而福謙人道惡盈而好謙
河出圖洛出書聖人則之
古者包犧氏之王天下也仰則觀象於天
俯則觀法於地觀鳥獸之文與地之宜
近取諸身遠取諸物於是始作八卦以
通神明之德以類萬物之情

書

任賢勿貳去邪勿疑

禹敷土隨山刊木奠高山大川

若金用汝作礪若濟巨川用汝作舟楫若

歲大旱用汝作霖雨

昔在文武聰明齊聖小大之臣咸懷忠良

其侍御僕從罔匪正人以旦夕承弼厥

辟出入起居罔有不欽發號施令罔有

不臧下民祗若萬邦咸休

詩

鴥彼飛隼其飛戾天亦集爰止方叔涖止
其車三千師干之試方叔率止鉦人伐
鼓陳師鞠旅顯允方叔伐鼓淵淵振旅
闐闐

中心藏之何日忘之

鳶飛戾天魚躍于淵豈弟君子遐不作人

受小球大球為下國綴旒何天之休不競
不絿不剛不柔敷政優優百祿是遒受

小共大共為下國駿厖何天之龍敷奏

其勇不震不動不戁不竦百祿是總

春秋

鄭伯突入于櫟 桓公十五年 叔孫州仇帥師

墮郈 季孫斯仲孫何忌帥師墮費 俱

定公十二年

宋人執滕子嬰齊 宋公曹人邾人盟于

曹南 宋人圍曹 俱僖公十九年 宋公及

楚人戰于泓宋師敗績 僖公二十二年

晉趙盾帥師救陳 宣公九年

仲孫羯會晉荀盈齊高止宋華定衛世叔儀鄭公孫段曹人莒人滕人薛人小邾人城杞 襄公二十九年

禮記

陰陽和而萬物得

夫樂者樂也人情之所不能免也

及其將齊也防其邪物訖其耆欲耳不聽樂故記曰齊者不樂言不敢散其志也

心不苟慮必依於道手足不苟動必依於禮是故君子之齊也專致其精明之德也

君子莊敬日强安肆日偷君子不以一日使其躬儳焉如不終日

第貳場

論

君天下必先正己

詔誥表內科一道

擬漢詔損膳減樂府[一]省苑馬以振困乏

詔初元元年

擬唐以荆王元景長孫无忌等爲諸州刺

史子孫世襲詔

擬

賀平胡表永樂十二年

判語五條

官吏給由

人戶以籍爲定

守掌在官財物
致祭祀典神祇
邊境申索軍需

第叁場

策五道

問堯尚茅茨而萬國安其居禹卑宮室而天下樂其業自古帝王慎德理人未嘗不以昭儉為能縱奢為戒也仰惟我
太祖高皇帝嘗指宮中隙地曰此非不可以起

亭館臺榭之遊觀之所誠不忍傷民之
財勞民之力耳大哉
皇言一哉
皇心誠足以匹休堯禹於千載之上其視割意
百金之產惜費弋綈之服者大不侔矣
竊嘗恭覽
京城圖志所載
奉天謹身諸宮殿門闕極規制之宏大窮古
今之巧絕外至嚴十廟以祀忠賢列四

十八衛以宿禁旅府第雲聯部曹星列
而又樹桐漆於蔣山以規園圃建樓居
於聚寶以來賓客披覽之餘恍若蓬萊
在矣上可聞而不可見也及今以職事
而來猶龍江履都邑載瞻
宮闕之美視圖之所陳雖非往昔而洪基遺
構宛然在目仰質
聖訓不能無疑豈創業垂統之初其亭榭遊觀
者固不可以道奢而宮室之建在昔人

所謂非壯麗無以重威者又不可以惜
費與抑
神謨聖慮出於規制之外者別有所寓與況得
國之初其一時財費之不貲工役之浩繁而
史不書費民不告勞者抑別有所自出
與爾諸士生長于斯必能仰窺
聖意而領畧其旨要矣幸敷揚之無忽
問秦漢而下言性理者莫盛於宋儒宋儒
之言性理者莫善於周程張朱四子周

子作太極圖張子作西銘當時雖有疑
議之者賴程朱二子為之辯釋而二書
之旨卒大明於世至如程伯子之定性
一書其言貫動靜徹表裏該始終真可
與前二書相表裏非深乎道者不能為
是言也當時張子乃有累於外物之疑
何所見之不同與至朱子著論以發明
其大意然後人知是書之旨其間綱領
條理粲然具備及其門人復析其書為

七段而其言又不甚同於朱子何所見
之各異與夫張子之學得於程子而朱
子之學則又集程張之大成者所學同
宜其所見之同也而師友之間言之或
同或異如此凡為窮理之學者皆不可
以不之究也請祈言其所以

問天下事固多矣姑舉其重且大者言之

我

國家建都燕京所取給於東南者非漕運乎

峙粮之處實攸在
國用之盈縮攸存計甚大也然自江淮以達
於
京師道里遼遠雨暘靡常旱則有淺舟艘
剝之虞潦則有怒水覆舟之患而況自
頃年以來河失故流漕渠淺澀運舟之
行有自春徂秋不克至者考之前史若
漢唐皆都關中漢仰漕於山東唐仰漕
於江淮有減歲漕三百萬石者止勿漕者

當時何以在上無不足之憂在下無艱
苦之嗟乎爲今之計必何如處而始盡
善乎我
國家控制
上京所賴以爲屏翰者非
宗藩乎寵以
君國之尊制其租入之奉
恩甚渥也然自肇祀以迄于今
衍錫日至於繁衍供需倍增於疇昔茲欲盡

賦耶則民力不堪抑其制耶則
國用不足矧由兹以往以世繼世有千萬世
之遠則其所用益將倍蓰於今者考之
前史周有天下有兄弟之國有同姓之
國有爵五等以至附庸之國當時何以
君無乏財之虞民無益賦之患乎為今
之計必何如處而始盡善乎夫規畫至
計固可行於一時究其本原斯可行於
永久此探本窮原之論執事者尤所願

聞也試一言之
問天人感應之理惟影與響故人事失於
下則天變形於上自古災祥之應未有
不由人為之感也說者謂祥多者未必
不危異衆者未必不安則災祥豈皆關
於人事與或者又謂恒暘鳴雉之變日
蝕霜隕之異均之天災也孔子之春秋
禮記之月令均之紀異也其間廢興異
效感召殊歸果人事與氣化相為流通

與我
皇上儆戒無虞遇災而懼一有變異即戒飭群
臣徧走群望以盡上下交脩之道其敬
天勤民之誠亦云至矣間者霖潦踰時河流潰
溢北畿之水傷敗數郡青徐以南瀰漫
無際田畝汙萊流離載道室廬漂溺井
邑蕭然加以四方災異之蹟屢陳迭奏
果人事之感召與抑氣化之適然與稽
之經典所載厥咎何徵天人相與之際

豈無可言者與昔人於朝廷無事之時
尚舉四方逆賊風雨災變及水旱盜賊
以爲奏者諸生當此變異頻仍之日
擧其事豈無可以答天戒致人和者以
爲
今日告乎
問昔人謂治戎之策有三周得中策漢得
下策秦無策焉或者又曰秦得中策漢
無策焉且周之文武固無容議漢之諸

君亦不暇論若宣王承幽厲之餘復文
武之舊千載而下論中興者必首稱要
其所就僅得中策所謂策之上者果何
代乎漢武乘匈奴之敝興師數十萬窮
極其地遂使幕南無王庭始皇承富强
之餘發兵五十萬築長城萬餘里威振
絕漠之二君者前史書其功後世思其
烈其策之所得果上乎中乎下乎無策
乎抑若昔人所謂無可議者乎後世之

君有因遠人朝貢而自謂得上策者其
果然否乎洪惟我
太祖高皇帝驅逐胡元入
主中國
太宗文皇帝奮揚神武肅清莫北
聖治神功所謂策之上者固有餘矣然其見於
綸綍之所形功烈之所寓者亦能言其一二
否乎夫禦戎固莫要於上策而舍將與
兵亦不能為策也況今邊警時聞于羽

報兵議毋釐於
廟謨而選將之方養兵之要其亦有可言者
乎援古必可示於今陳謀必可效諸田
畎執事者之所願也幸為我籌之

2064

中式舉人一百三十五名

第一名陸深　上海縣學生　詩
第二名方鵬　崑山縣學生　易
第三名周用　吴江縣學附學生　書
第四名鄒輗　武進縣學生　禮記
第五名汪玄錫　休寧縣學生　春秋
第六名崇奇　崑山縣學增廣生　易
第七名陳察　常熟縣學生　詩

第八名丁沂　溧水縣學生　書

第九名馬陳圖　浙江安吉縣人監生　易

第十名吳鐩　無錫縣學生　書

第十一名朱恩　無錫縣學附學生　詩

第十二名曹環　巢縣學生　春秋

第十三名徐南州　常熟縣學附學生　詩

第十四名張永泰　定遠縣人監生　禮記

第十五名張偉　應天府學生　詩

第十六名王瑋　江浦縣學生

第十七名郁佩　上海縣學生　詩
第十八名沈灼　嘉定縣學增廣生　易
第十九名劉芾　蘇州府學生　詩
第二十名范韶　寶應縣學生　書
第二十一名何棐　泰興縣學生　詩
第二十二名黃志達　溧水縣學生　易
第二十三名錢承業　常熟縣學附學生　詩
第二十四名錢恩　華亭縣學生　書
第二十五名陶驥　松江府附學生　詩

第二十六名貢珊　宣城縣學生　易

第二十七名嚴廷紀　常州府學生　詩

第二十八名王介　應天府學生　易

第二十九名王良翰　常熟縣學增廣生　詩

第三十名孫綱　當塗縣學生　書

第三十一名李覺　無錫縣學增廣生　詩

第三十二名方進　婺源縣學生　書

第三十三名張寬　崑山縣學附學生　詩

第三十四名王偉　江都縣學生　易

第三十五名戴慈　松江府學生

第三十六名於旻　合肥縣人監生　書

第三十七名王寵　徽州府學增廣生　春秋

第三十八名吳伯深　應天府學生　詩

第三十九名吳櫝　廬州府學生　書

第四十名朱寅　常熟縣學增廣生　詩

第四十一名戚鍾　崑山縣學增廣生　易

第四十二名闞韶　常熟縣學生　詩

第四十三名楊欽　府學生　書

第四十四名張鵰　學附學生　詩

第四十五名索承學　邳州學生　書

第四十六名張奎　松江府學附學生　詩

第四十七名劉貢　宣城縣學生　易

第四十八名陳沂　南京太醫院醫生　詩

第四十九名陳璵　福建沙縣人監生　禮記

第五十名何宗海　常熟縣學增廣生　詩

第五十一名張淛　太平府學生　書

第五十二名周廣　太倉州學生

第五十三名夏克義　句容縣學增廣生　詩
第五十四名潘鑑　婺源縣儒士　書
第五十五名許完　鎮江府學生　易
第五十六名楊璀　通州學生　詩
第五十七名丘煥文　江陰縣學生　書
第五十八名沈齊　松江府學生　春秋
第五十九名畢伸　貴池縣學生　詩
第六十名高誨　廬州府學生　書
第六十一名徐珍　定遠縣學生　詩

第六十二名蔣煥　長州縣學附學生　易

第六十三名趙晛　涇縣學生　詩

第六十四名董懌　上海縣儒士　書

第六十五名張紘　上海縣學增廣生　詩

第六十六名金賢　應天府學生　易

第六十七名陳端甫　武進縣人監生　詩

第六十八名程定　績溪縣學生　書

第六十九名徐秉　宿州學生　易

第七十名冒良　泰州儒士　禮記

第七十一名邵鏞　南京羽林右衛舍餘　書

第七十二名徐楨卿　蘇州府學附學生　詩

第七十三名方禾　泰州學生　書

第七十四名朱紘　無錫縣學附學生　詩

第七十五名金鼎　應天府學增廣生　易

第七十六名周墨　太倉州學生　詩

第七十七名劉弼　南京錦衣衛舍餘　書

第七十八名潘琨　婺源縣學生　易

第七十九名鄭廷義　建陽縣學增廣生　詩

第八十名王存撰　浙江仙居縣人監生　春秋
第八十一名倪鶚　涇縣學生　詩
第八十二名吳拯　休寧縣學生　易
第八十三名王廷臣　浙江龍游縣人監生　詩
第八十四名俞泰　無錫縣學附學生　書
第八十五名黃堂　霍丘縣學生　詩
第八十六名顧鼎臣　崑山縣學生　易
第八十七名王瑞之　常州府學增廣生　詩
第八十八名彭辨之　霍山縣學生　書

第八十九名唐符 太倉州學生 詩

第九十名馬雲翔 揚州府學生 易

第九十一名徐九萬 浙江德清縣人監生 禮記

第九十二名錢禎 南京府軍衛籍監生 詩

第九十三名李文泮 應天府學增廣生 書

第九十四名朱昂 華亭縣學生 詩

第九十五名梅珂 蕪湖縣學生 易

第九十六名孫方 鎮江府學生 詩

第九十七名潘賓 無錫縣學附學生 書

第九十八名徐楠　學生　詩
第九十九名衛準　寶應縣學生　書
第一百名張應隆　華亭縣學增廣生　詩
第一百一名羅輿　應天府學增廣生　易
第一百二名王鎬　宿州學生　詩
第一百三名曹琥　巢縣學生　春秋
第一百四名楊諫　太平府學生　詩
第一百五名金緯　大倉州儒士　易
第一百六名徐問　武進縣學附學生　詩

第一百七名甯輝　廣德州人監生　書

第一百八名葉鈇　上海縣學增廣生　詩

第一百九名王幹　蘇州府學生　易

第一百十名黃宏　六合縣學生　詩

第一百十一名崔雲　南陵縣學生　書

第一百十二名邵天和　常州府學生　詩

第一百十三名曾儔　松江府學增廣生　禮記

第一百十四名唐權　松江府學增廣生　詩

第一百十五名陳瑞　[illegible]學生　書

第一百一十六名唐洪　學增廣生　詩
第一百一十七名李璨　應天府學生　易
第一百一十八名沈一夔　武進縣人監生　詩
第一百一十九名成周　無錫縣學生　書
第一百二十名高泰　浙江嘉善縣人監生　詩
第一百二十一名毛震　崑山縣學生　易
第一百二十二名白鸞　儀真縣學生　詩
第一百二十三名劉芳　徽州府學生　春秋
第一百二十四名鄭選　太倉州學附學生　詩

第一百二十五名陳敘翊　崑山縣學附學生　易

第一百二十六名陸才　無錫縣學增廣生　書

第一百二十七名汪彬　祁門縣學生　詩

第一百二十八名趙澂宗　鎮江府學生　書

第一百二十九名蕭杲　鎮江府學生　詩

第一百三十名高諤　江都縣學生　易

第一百三十一名錢烱　常熟縣學生　詩

第一百三十二名陳良瑚　華亭縣學附學生　書

第一百三十三名何棠　縣學生　詩

第一百三十四名唐源　府學生　禮記

第一百三十五名邊永寧　無錫縣儒士　詩

第壹場

四書

法語之言能無從乎改之為貴巽與之言能無說乎繹之為貴

方鵬

同考試官訓導林　批　詞不雕琢理亦明暢場中如此作者蓋鮮矣

同考試官學正何　批　題亦平易而作者多文以艱深之詞令人篇亦平易可誦是故錄之

考試官侍講劉　批　傷

考試官右諭德王　批　平正無疵

聞善言人必感體善言斯可尚夫言正而婉言之至善者也苟人於言之善者徒能感之而不能體之於己亦何足尚哉吾夫子言此以勉人意謂言之感人也易人之體善也難今有人焉言議侃侃而不流於詭隨論辯諤諤而不失之阿徇出諸口者昭乎道德之公論入于耳者炳然仁義之正談以此法言而告人人將欽祗肅

容悚然領畧之不遑也孰有違背而不服從者乎從矣而不改其失焉則直義不行面從而已耳誠能因此去其惡而遷其善舍其舊而圖其新易反道敗德之故習為佩仁服義之良圖則從非面從是乃中心之樂從也斯其可貴者乎又有人焉從容和緩藹乎開導之辭紆徐曲折婉乎誘掖之語道德之妙潛乎於諷諭之中仁義之興默寓於啓沃之際以此巽言而告人人將平心易氣怡然順受之

也何有乖忤而

不言說者乎說矣而不繹而則微意不知
偽說而已耳苟能因此尋繹其微意之所存思
惟其至理之攸寓究道德之妙於不言之表索
仁義之奧於曲暢之餘則說非偽說是乃誠心
之說懌也斯其可貴者乎是則進言者固難於
盡善聽言者尤難於體善聽言於人而能體善
於已庶幾不孤於善言者矣嗟夫從法語說巽
言者常情之所同從而改說而繹者君子之所
貴我思古人禹湯惟拜言從諫故夏商之王業

以興桀紂惟拒諫飾非故夏商之王業遂廢是
知從而能改說而能繹在學者固爲難事在帝
王尤爲盛美世之人主往往說遜志之語而咈
逆耳之言亦獨何哉

誠者自成也而道自道也誠者物之終始
不誠無物是故君子誠之爲貴

陸深

同考試官訓導朱　批　說理文字親切明暢矣
喻此篇是用錄出

同考試官教諭江 中庸題作者多體認不真非晦即舛如此篇之明有不多得也宜録之

同考試官學正吳 批 說理詳明措詞精當非素究心於理學者不能也宜録之以示來學

考試官侍講劉 批 文有理致

考試官右諭德王 批 發揮甚明白

中庸論實心成乎物而實理行於人尤必申明其義也蓋物不能自成而成於誠理不能自行而行於人中庸於是得不申明其義以示人哉

子思發明人道之旨蓋如此意謂誠者真實無妄之理人之具是形氣也非有是理以爲之主不過血肉之軀耳故四端萬善統於吾心者不失其天道之本然然後理與氣符而物之所以爲物者不苟成也性與天合而人之所以爲人者不徒生也誠非物之所以自成者乎人之行是實理也非藉是氣以爲之輔不過虛無之器耳故四端萬善統於吾心者形而爲人事之當然于以擴而充之使衝性

熟宏而大之使

曰踐於篤實道非人之所丁者乎何以見
其然哉誠以物皆有終也孰張主是而使之澌
滅實理之盡而至於無耳天下之物豈有外是
理以為終者耶物皆有始也孰綱維是而與之
造端實理之至而向於有耳天下之物寧有舍
是理以為始者耶所謂誠者自成者如此然誠
既為物之終始矣而人之心或中藏虛偽不誠
以自居故雖強為擴充亦徒欺人而已耳理於
我乎奚有故君子必以誠實為尚而不忍棄是

理於無有焉內存虛妄而不實以自處故雖勉為宏大亦徒自誣而已耳道於我乎何在故君子必以不誠為戒而不敢視是道為無物焉所謂而道自道者如此蓋人之心能無不實乃為有以自成而道之在我者亦無不行矣子思示人之意何其明且切哉抑嘗聞之子思之學實得於曾子之傳故其言相表裏觀大學所謂明德即誠者自成也所謂必誠其意即而道自道也厥後子思授之孟子而又發明天道人道之

旨於七篇道學淵源相承之遠自如此有志於
道者尚當遡而求之

以直養而無害則塞于天地之間

周用

同考試官教諭陳　批　養氣題本不難作士子體認不真多以粉飾為說此篇理既詳明文亦妥帖其嘗從事於斯而學之有得者歟

同考試官學正趙　批　講直養處詞義嚴正非胸中素有是氣者不能為此言也健羨健羨

考試官侍講劉　批　整贍

考試官右諭德王　批　其氣亦似浩然者

氣之養必以其正氣之充斯極其大蓋人得天地之正氣以生也苟養之不以其正其何以致其充而極於大哉孟子因公孫丑之問而告之如此蓋謂浩然之氣本自剛大彼歉然而餒者失養故耳誠能反諸身心惟循理之是務不規規於利害得失之私而小焉以自居驗諸涵養惟集義之是先不役役於窮通得喪之故而餒

焉以自處又必持以歲月　焉以助其長助
之長不有以害其長乎佚以積久不矯揉以彊
其充彊也充不有以妨其充乎夫養之善如此
則吾之得於天者不失其正天之賦於我者始
復其初由是吾之一身雖囿於兩間也而至剛
之氣則上薄於天下際於地於是乎彌滿而無
外吾之賦形雖同於庶物也而至大之氣則乾
與之旋坤與之轉於是乎充塞而無間始焉天
地以是氣而賦於吾也今以吾之至剛者能彌

滿之蓋不過復其本然耳夫豈有所增益哉始
焉吾稟是氣於天地也今以吾之至大者能充
塞之亦不過不虧其本體耳又豈襲取於外者
哉雖然是氣也雖賢聖愚不肖之所同而善養
惟聖賢之所獨擅之前聖文武善於養也則形
諸一怒而安天下之民周孔善於養也則形諸
言論而垂萬世之訓孟子所以承前聖之統當
大任而不疑者其原蓋有所自彼不得於心勿
求於氣者何人哉而謂其能與於此

易

大哉乾乎剛健中正純粹精也六爻發揮旁通情也時乘六龍以御天也雲行雨施天下平也

榮奇

同考試官訓導林　批　文言此節發中象傳之意本義明甚作者率以通贊乾為言殊可疑也晚得此篇讀之令人釋然遂為錄出

同考試官學正何　批　場中作易者殆七百餘

卷能如此篇得本義之旨者甚少宜錄之以示夫讀
易者

考試官侍講劉　批　場中易義如此篇者絕少

考試官右諭德王　批　得文言大意

文言贊乾道之大必言其義盡於易而聖人妙
於用也甚矣乾道之大而德之至極也則夫聖
人明其義於易而體之以成治者豈外是哉文
言復申首章之意如此謂夫大矣哉乾之道乎
統元亨而無外貫利貞而無　畢言、其體則剛

而不撓無言其用則健而不息其行也中無過
不及其立也正正不偏不倚剛健不雜於陰柔中
正不流於邪惡何純粹耶純不徒純而純之極
粹不徒粹而粹之至何精妙耶乾之四德其大
如此彼易之爲畫有下乾三畫之爻有上乾三
畫之爻下乾之爻皆奇而無耦何者而非發揮
是德之蘊與上乾之爻皆陽而無陰何者而非
發明是德之微妙是以元亨之情雖至微而難
知今則旁通於内體無秘藏也利貞之情雖至

妙而莫測令則曲盡於外體無餘蘊也六爻發乾之義如此則四德不在乾而在易書也章章矣聖人者出大明乾道之終始見卦之六位以時成於時之始則乘下乾之龍以行天道之元亨不先時而有為於時之終則乘上乾之龍以行天道之利貞不後時而不及殆猶天之油然雲行於兩間而物無不被其仁熙熙乎天下之太和也沛然雨施於六合而物無不遂其性皡皡乎萬國之咸寧也聖人體乾之功如此則四

德不在乾而在聖人也昭昭矣文言以是申象傳之意其旨深哉抑論天之為道非易書不能盡非聖人不能體而易之為書又非聖人不能作也故文言每論天道而必互及於聖人欲稱聖人而必先舉夫易書蓋為此耳噫天道不易見也當觀夫聖人聖人不可作也當觀夫易書

古者包犧氏之王天下也仰則觀象於天俯則觀法於地觀鳥獸之文與地之宜近取諸身遠取諸物於是始作八卦以

通神明之德以類萬物之情

馬陳圖

同考試官訓導林　批　順題發揮詞理明暢

究心於易理者不能爲此言也

同考試官學正何　批　易以道陰陽此一書之

大旨也是篇尤能道陰陽之消息是可與言易矣

考試官侍講劉　批　明瑩可愛

考試官右諭德王　批　講融可觀結亦可取

聖王御世推隨寓而驗陰陽之消息故作易而

該陰陽之顯微夫易以道陰陽也聖人既驗之
以作易則顯微之理豈有不該者哉大傳因言
制器尚象之事如此粤自鴻荒既判羲皇肇生
其出而王天下也既有以開一世之太平又欲
以前萬世之民用於是仰焉而觀凡成象於天
者皆陰陽之所著也則玩索於企瞻之餘俯焉
而觀凡效法於地者皆陰陽之所形也則考究
於俛視之下既而觀夫鳥獸如羽毛鱗介之類
凡文之著於外者一陰陽之文也已而觀夫天

地如寒暑高深之屬凡氣之異其宜者一陰陽之宜也近焉而取諸身身之呼吸動靜何者而非陰陽之所存遠焉而取諸物物之飛潛動植何者而非陰陽之所在夫惟取諸俯仰遠近之間無非陰陽消息之理於是畫一奇以象陽畫一耦以象陰自下而上再倍而三乾坎艮震而陽卦於是乎立焉巽離坤兌而陰卦於是乎成焉是以神明之德至微也而卦畫有以通之乾坤之健順即德之健順相生震艮之動止即德

之動止相濟而至微者無不該矣萬物之情至顯也而卦畫有以類之震巽之風雷即情之風雷相薄兌艮之山澤即情之山澤通氣而至顯者靡不該矣聖王驗陰陽以作易如此則制器得以尚其象而萬世之民用所由前也歟雖然八卦未畫易之理具於太極八卦既畫易之理發於聖人然理無形而卦有象必作易以該乎理而後尚象以制乎器器非象則不成象非理則不著故有理斯有象有象斯有器此器所以

周萬世之用而伏羲為萬世文字之鼻祖也信
哉

書

任賢勿貳去邪勿疑

丁沂

同考試官教諭陳　批　寫出虞庭君臣保治之
意甚有警策讀之令人悚然

同考試官學正趙　批　儆戒無虞意正如此

考試官侍講劉　批　言有關繫非苟作者

考試官右諭德王　批　講多試多疑處最好

用君子必專退小人必果此大臣之戒聖君也蓋爲治莫先於用君子而退小人也用之必專而退之必果治道其庶幾乎是宜有虞大臣以此戒其君也昔伯益陳儆戒之道而推廣克艱惠迪之旨意謂人君之當儆戒無虞者豈徒罔失法度罔縱逸樂而已哉是故國家多事之秋人主皆知賢之當任夫惟世底無虞則彼賢人君子者責難陳善不苟從君之欲正心誠意必

欲行已之志故雖或任之而復貳之者有矣任賢而貳其去不任者幾何哉要必儆戒於此果賢歟必推誠委任而不間之以憸人篤信倚賴而不參之以匪人賢如伯禹則司空之任不容舍也孰得而媒蘖之賢如臯陶則司寇之任不能外也誰得而搖奪之任賢而專則君子得以行其志庶幾所謂克艱者耳殷憂啓聖之日人主皆知邪之當去夫惟俗臻康人則彼姦邪小人者巧言令色足以惑亂其聰明小節偽行口

以欺誑乎世俗故雖或去之而輒疑之者多矣
去邪而疑其視不去者何異哉要必儆戒於斯
果邪歟必致馮河之勇而去之惟恐不速奮乾
剛之斷而屏之惟恐不遠邪如共工則幽洲之
流在所必擧不以舊勞而倖免邪如驩兜則崇
山之放有所必行不以私恩而苟容去邪而果
則小人無所容其奸庶幾所謂惠迪者耳伯益
以此儆戒其君此無虞者所以益無虞也抑論
之自古天下國家未有任君子而不治用小人

而不亂者唐虞君臣有見乎此故拳拳儆戒於無虞之時致謹於君子小人進退之機此所以成雍熙泰和之盛治後世人主見善而不能用使君子無以自立知惡而不能去使小人得以成朋因循積累其害遂至於敗亡此郭公之所以貽譏於千古也有天下國家者盍以唐虞為法而以郭公為殷鑒哉

若金用汝作礪若濟巨川用汝作舟楫若歲大旱用汝作霖雨

吳錄

同考試官教諭陳　批　發明高宗望傅說納誨之意既深且切其諸異乎淺之為言者矣

同考試官學正趙　批　揭書出題以杜僥倖不復揮其難易重複學者不悟遂於題外妄立新意使正意反以不達此篇乃能化舊為新而亦不失題意之正是故錄之

考試官侍講劉　批　發揮高宗期望傅說之意甚明白

考試官右諭德王　批　說命義此篇頗優

賢王望大臣納誨之切必屢托物以為喻也夫君之與臣必相須倚賴而後成德也高宗托物為喻不一而足其所望於傅說者益深切矣吾想高宗命傅說之意謂夫君臣之相須猶物理之相資是故金之在鑛塊然一物未易治也必用礪石焉則圭角賴之而磨礱廉隅藉之而砥礪斯可以成器耳我之望汝納誨以成德于以開其明而攻其所蔽若金焉必用汝以為礪也川之巨者茫然無涯未易濟也必用舟楫焉則險

阻以之而利涉艱危由之而弘濟斯可以無虞
耳哉之望尔進諫以輔德于以抑其過而引其
不及若濟巨川焉必用汝以為舟楫也至若時
乎恒暘歲乃大旱物罹枯悴之灾人懷雲霓之
望于時沛然下三日之霖澍然施崇朝之雨則
枯槁於是而勃然憔悴於焉而沃若矣我之心
渴於教不啻歲之大旱也汝其納誨以為我之
甘霖乎吾之志渴於治不啻時之恒暘也尔其
進諫以為吾之時雨乎高宗以此而命傅說可

謂喻之切倚之重而望之深矣抑論高宗之得傅說賚由夢帝傅說之相高宗起自肖圖際遇非偶然也高宗之命傅說以礪與舟楫霖雨為喻傅說之復高宗以木從繩則正為喻責望非徒然也厥後傅說果能諄諄於為治進學之說固無負於君之所望高宗亦克從諫作聖亦能副其臣之所期異時一則為商令主一則為商賢佐君明臣良唐虞之後於此復一見焉

詩

中心藏之何日忘之

陳察

同考試官訓導朱　批　理明詞暢不為題窘詩人好德之誠模寫殆盡真善說詩者也用錄以式

同考試官教諭江　批　說古人好賢之情委曲詳明是用錄出

同考試官學正吳　批　模寫詩人愛賢之心之誠一氣呵成略無拘縶必詩林中之善鳴者也可敬

可敬

考試官侍講劉　批　能言詩人所不能言

考試官右諭德王　批　詩人好賢之意形容殆盡

詩人之於賢者內惟蘊夫所愛久不遺其所愛夫愛賢至於有時而遺是愛之未誠也愛深而難言愛久而不遺詩人之厚有如是哉此意見君子之詩其意謂好賢良心也蘊諸中而難知言心聲也宣於外而易明今我於賢者其樂如何好之誠切矣然所以好之之意但存諸方寸而已非言說所能形容云何不樂愛之誠深矣

然所以愛之之意徒蘊諸衷臆而已非口舌所能布露表襮之性自會於淵默之中好德之情徒鬱於潛伏之地非不欲言也愛根於中而自不能爲之言雖有喋喋之口果足以輸其中之所存者乎非不能言也情深於內而自不知所以爲之言雖有亹亹之辭果足以寫其心之所藏者乎然是心也豈徒暫而不能久近而不能遠哉蓋吾生有涯也而愛之繫於心者則無涯吾身有限也而愛之鍾於情者則無窮此身在

一日則此心之愛亦一日日復日焉將使何日
而忘之乎此身歷百歲則此心之愛亦百歲歲
復歲焉將使何時而遺之乎賢者固可忘矣桑
桑好德之心自不忍忘耳賢者之德或可遺矣
爲國好賢之誠自不能遺耳吁真德實意雖不
能自表於言語之間而已藹然著見於言語之
外詩人好賢有如是哉抑觀隰桑是章之旨與
楚辭所謂思公子兮未敢言辭若相類然詩人
之言發於好德之情有關於天下國家之治其

規模宏遠而旨趣含蓄若原雖因彼爭神之心寄吾忠君愛國之意然詞既悲楚而又不能無嫌於燕昵此其不可同日而語也明矣學者詳之

鳶飛戾天魚躍于淵豈弟君子遐不作人

陸深

同考試官訓導朱　批　題本冠冕作者率多陳腐可厭晚得此卷認理詳明行文老健讀之令人躍然

同考試官教諭江　批　大雅一題場中士子類能言之而蹈襲陳腐令人厭觀此篇一洗而空辭不貴而意自足真作手也

同考試官學正吳　批　題本正大此作能知所重而以作人見文王之德之盛深合本旨宜錄之以冠多士

考試官侍講劉　批　講作人處最是

考試官右諭德王　批　得詩之體

詩人託物以興聖德盛而治化新也蓋德與治

化相表裏也豈以文王之德之盛而維新之化
有不足以致哉宜詩人託興於物以詠歌之也
其意謂天積氣耳初何有於鳶哉而鳶之聳身
直翅其飛則至於天必有所以使之者矣而鳶
則不知也淵水澤耳亦何期於魚哉而魚之以
游以泳其躍則出於淵必有所以主之者矣而
魚則不知也夫物且然況我文王義精仁熟而
和順有積中之美不識不知而易簡盡天下之
理其德如此而維新之化宜何如哉是以當是

之時桀紂之惡士氣久矣其趨於卑弱也文王之德默有以變化之而振起其委靡之氣使之奮然知善之當為惡之當去於是卑者進於高弱者進於強一時人才皆有所成就也文王何容心哉襲商之餘民俗久矣其淪於污濁也文王之德默有以鼓舞之而作新其頹敗之習使之曉然知前日之為非今日之為是於是污者趨於隆濁者趨於明一時民俗皆為之丕變也文王亦何容心哉噫德蘊於精神心術之微化

形於邦國民庶之遠文王盛德如此其克集大統而篤厚國祚者皆本於此自後世德教不足而始有詩書禮樂之訓言教不足而又有官師學校之政上之率乎下者日趨於薄下之應乎上者專事乎末治效人才遠不逮古者有由然哉讀詩至此寧不爲之有感

春秋

宋人執滕子嬰齊　宋公曹人邾人盟于曹南　宋人圍曹　僖公十九年　宋公及

楚人戰于泓宋師敗績 僖公二十二年

汪玄錫

同考試官教諭王 批 組織胡傳不由襲語而襄公之斷甚明具是豈徒淺苟作者耶

考試官侍講劉 批 關鍵中不苟謹嚴是善作春秋義者

考試官右諭德王 批 此宋襄之斷例也此士能言之蓋有得於謹嚴之旨者

伯主急功利而忘內修假仁義而致外患此宋

襄見小欲速之過假名衂師之失而伯業之所以無成也春秋深致譏貶也宜哉且夫滕之慢伯曹之棄好其曲固有在也為宋襄者曷不求所以善處哉而乃內忘修德遽提兵於齊宋之閒外搆私忿求快心於闈曹之舉卒之嬰齊之罪未白而專執之咎躬自蹈矣曹人之鋒未挫而薄責之心內已忘矣不求諸己而求諸人汲汲於威信之張不事乎內而專事乎外敝敝於功利之小兵敗身傷其禍於是乎兆見矣傳曰

愛人不親反其仁治人不治反其智又曰欲速則不達見小利則大事不成曩其有知於此乎春秋於是書人書圍曹其急功利之貶昭然也鄭之背盟楚之黨讎其責固有歸也爲宋襄者曷不思所以自奮哉而乃忠言罔信徒掠美於勍敵之間大義不明自甘心於夷狄之横所謂君子不重傷若仁矣較伐齊之慘孰烈不禽二毛若義矣較圍曹之舉孰忍計其末忘其本而傷股之危實自召也飾小名妨大德而殲官之

恥乃自速也兵敗身傷其禍於是乎具見矣傳曰物有本末事有終始又曰不能三年之喪而緦小功之察放飯流歠而問無齒決襄其有知於此乎春秋於是書及書敗績其假仁義之貶章然也抑嘗論之齊桓主伯而著伐楚之功晉文繼伯而興城濮之役彼桓文何人哉而其功之所就尚如此宋以三恪之後不能強自樹立徒溺心於功利之近小視桓與文亦瞠乎其後矣況望其能進於道耶能進於王耶春秋書此

不能無深慨者矣

晉趙盾帥師救陳 宣公元年

曹環

同考試官教諭王 批 華夏書丘之耕此春秋大義而聖人書法尤所致謹者作者多畧於此每每以用兵用刑立說此作起講處提撥數言便自明白且文氣春容筆力快健風檐寸晷之下遽能爲此亦難矣

考試官侍講劉 批 詞義嚴正

考試官右諭德王　批　得予奪之旨

春秋於伯臣之恤患有顯其辭而與之者有隱其辭而譏之者蓋陳可恤而宋不可恤也春秋寓書法於隱顯之辭而趙盾之得失自可識矣嗟夫陳以先代帝王之後遭楚人潛師之辱旣夏大防於是乎潰决矣孰能起而為之拯救哉於時晉靈繼伯趙盾當國仗晉室之威靈倡中國之大義也亦臨境而乃以救陳之危獨任其責以衽席而易塗炭彷彿於周公是膺之舉以

宴安而易倒懸庶幾乎殷王撻彼之兵衣冠之族始為之〻氣豺狼之輩乃為之斂迹所謂安諸夏者在此也所謂攘夷狄者在此也所謂門庭之寇刺用禦之者亦在此也春秋於是書之曰救陳以見盾之此舉不徒有功於陳而亦有功於中國其與之也何如哉若夫宋以公子竭粟之私手犯人臣無將之戒君臣大倫於是乎掃蕩矣孰不憫而為之痛疾哉於時楚人恃暴趙盾市恩寬其瀆倫之誅畧其滔天之罪分災恤

愚而遂以救宋之危兼舉其功存其社稷而不能中上告天王之義復其冠裳而不能舉大夫沐浴之請救非為陳也因宋而始為救陳亦非為宋也因賂而後為救宋是之謂朋奸也是之謂黨惡也是之謂假仁義以濟其私者也春秋於是不書曰救宋以見宿之此舉不仁有罪於中國而亦有罪於名教其貶之也何如哉大抵君尊臣卑　貴夷賤以固古今通誼也而聖人書法尤獨拳拳以致謹者蓋以天也之大法人

道之大綱此焉不謹則自身而家而國而天下

舉有不能以行矣然則簡之書救不書救者其

意蓋本諸此而豈徒言哉傳曰春秋非空言也

又曰大義數十炳如日星趙簡之書或者其一

乎

禮記

夫樂者樂也人情之所不能免也

鄒輗

同考試官教諭陸　批　樂記亦性理之書如此

二句含下文三章而言乃綱領也作者往往誂題控合辭理支離殊非會通之學此篇獨能融會全章大旨讀之使人了了必有潜心於性理者宜表而出之

考試官侍講劉 批 此題最難發揮若是義亦庶幾者

考試官右諭德王 批 樂記義非的然有見者不能通

論樂本於人之心而實切於人之心也蓋樂雖發於人心而[illegible]則感於人心也然則樂也者本於人心之樂而人心之所不可無者歟見於樂記

其旨如此意謂人心妙性情之德而樂能盡性情之變是以人情有所樂則必發之於聲音形之於動靜夫惟吾心之所樂者發於聲音于焉而播諸金石絲竹之樂則凡曲直繁瘠廉肉節奏之聲莫非吾心性情之變之所發也樂也者豈非本於人情之所樂乎夫惟樂之在吾心者形於動靜于焉而飾以干戚羽旄之樂則凡俯仰屈伸綴兆舒疾之容無非吾心性術之變之所形也樂也者庸非出於人情之所樂乎夫樂

之發於人心者如此寧不足以感夫人心也哉是故人情之所樂不能無形形而不為道不能無亂先王於是制為雅頌之聲以迪之則君臣聽之而和敬父子聽之而和親長幼聽之而和順樂之發而不能無亂者必由是樂而防範否則放心邪氣接矣則人情之樂豈可須臾而免是樂耶制為舞蹈之樂以道之則容貌可得而莊行列可觀 了正進退可得而齊樂之形而不能無荒者必由以樂而檢束否則易慢之心入

矣則人情之樂胡可斯須而離此樂耶是引聖人始也本　情而作樂其終也則以樂而治人情人情為作樂之本樂乃治人情之具此先王之樂所以本末兼該情文美善用之宗廟朝廷用之鄉人邦國足以移風易俗而天下皆寧也後世不究其本徒事其末遂以治之興替無關於樂而易以妖聲豔辭乃欲風移俗易以至治噫亦遠矣

君子莊敬日強安肆日偷君子不以一日

使其躬儳焉如不終日

張永泰

同考試官教諭陸　批　莊敬安肆大人能言之儳焉如不終日處極窘束不能措一辭發數欣於指摘之餘此作其庶幾矣

考試官侍講劉　批　非身有莽歎者不能言此

考試官右諭德王　批　細讀覺文理有照應處可取

惟君子進於微而忽於怠故君子勉於強而戒其怠夫人之為學莫善於自強莫不善於自怠

也君子於此可不勉於強而戒其懷記記
夫子之言此蓋謂人莫先於為學必貴於
知要君子之學誠能持己以莊置此身於規矩
之中直內以敬宅此心於嚴肅之地夫能莊敬
如此吾知心可得而正身可得而修駸駸乎益
造於高明之域矣豈不日進於自強乎茍或泰
然自安荒此身於曠蕩之鄉侈然自肆放此心
於理法之外夫茍安肆如此則內無以斂其心
外無以檢其身昧昧乎愈流於汙下之歸矣寧

不日入於偷薄乎夫理欲之消長由於敬肆之
得失如此故君子於一日之間自朝至於日之
中無幾時也必敬以宅心俾此身收斂檢束雖
瞬息不敢以自安無日而不心廣體胖也何嘗
使其身參錯不齊於其外拘迫不寧於其內有
如不能終日者乎自中至於日之昃直數刻耳
必敬以直內俾吾躬整齊嚴肅雖頃刻不容於
自肆無時不心安體舒也何嘗　其躬外爲
而散亂不莊內爲而局促不安有　克竟日

者乎夫能勉於自強而戒其自怠之學可
謂得其要矣抑論之敬者一心之主萬事之
本根聖學之所以成始成終者故人能莊敬則
可以為聖為賢不特進於日強不能莊敬則將
為愚為不肖不但止於日偷而已矣[illegible]於此
敬肆對舉而互言之聖愚之所以分與其幾也
有志於希聖之學者盡於此致思焉

第貳場

論

君天下必先正己

方鵬

同考試官訓導林　批　論場好異者多險詞怪語不可以句矣尚同者又皆蹈襲陳腐令人厭觀此作不求異而自異宜錄之以示好異尚同者

同考試官學正何　批　論場辨詳諸論者甚多初讀條可驚異徐而檢之則皆程文中常義且此篇旨無奇奇怪怪之辭而讀之者亹亹不厭亦可必推之使高攀之使深而始為好

考試官侍講劉　批　論題平易動輒數千言率氣格靡弱辭說軟熟展卷令人見厭惟此作獨紆徐言意平平而有餘不盡之意自見言外觀此亦可想見其人矣

考試官右諭德王　批　通篇讀去不覺其有長語亦善論也

論曰居至尊之位而成至大之治者必先有以端其本焉夫君位至尊也天下至大也人君居至尊之位而欲臻至大之治不先有以端其本

焉則天下之亂將無一而得其正者所謂其本亂而末治者否矣是以善論天下之治者必先於求其本也本者何身是也傳曰天下之本在國國之本在家家之本在身則身也者誠家國天下之本也古之人君不患天下之不理而患吾身之不修不患人之難治而患己之未治者誠有以知天下之本之所在而不敢苟焉以自放也昔箕子作洪範而以敬用五事爲九疇之次張子有以發其意於正蒙之書　君天下

者必先正己可謂知本之論矣詩一說人君
者天下之、右身者天下之極人以眇然一
身而治天下之大其事千緒萬端其幾千變萬
化何可以一二計之哉姑舉其大者而言則凡
所謂順天者有五行也厚民生者有八政也合
天者有五紀立極者有皇極也治民者有三德
而辨惑者有稽疑也省驗者有庶徵而勸懲者
有福極也是數者之在天下孰有不統於人君
之身者哉孰有不自人君之身而出者哉譬之

水焉千派萬派而人君之身其源也譬之木焉千柯萬葉而人君之身其根也源之不潔而求其流派之清根之不植而望其柯葉之茂者無是理也夫以天下之治其皆本於人君者如此而亦何可以不正其身哉是故貌焉不恭則怠慢之氣入而天下無所儀矣言焉不從則淫詖之辭興而天下無所法矣視焉不明則非禮之色進而視諛[illegible]弗明矣聽焉不聰[illegible]嘵諂之說行而聽德有弗聰矣思焉而不睿[illegible]邪之念

作而天下之事皆將顛倒迷惑而無所定矣則
夫君身之不正不待見之於事而其為害已有
不可勝言者而又何以言治乎是以人君之治
天下八政之未厚非所先也五紀之未協非所
先也皇極之未建而三德之未乂非所先也稽
疑之未明庶徵之未驗而福極之未勸懲非所
先也是非以是數者之果非所先也是非以是
數者之果不足重也以為尤有急於此者也尤
有重於此者也誠以吾之身一有不正則先無

以爲出治之本而是數者之在天下終亦委於散漫無歸之地而不可施然則徒以弊精神靡歲月而亦何補於治哉故夫天下之不治君身之不正也君身正則天下之事以次而理矣是故貌無不恭則發於身者肅而天下有所儀言無不從則見於辭者乂而天下有所法視無不明則所見者哲而天下之明通矣聽無不聰則所聞者廣〻而天下之聰達矣思無不睿則所存者聖而天下之事無不有以宰制裁度而得其

宜矣由是以之而順天道則五行得其度也以之而厚民。則八政得其序也以之而合天立極則五紀皇極得其正也以之而治民辨惑則三德稽疑得其理也以之而省愆以之而勸懲則庶徵得其道而福極得其宜也驗之於天而天無不應推之於人而人無不化已正於先而治成於後不啻水之源既潔而流派自清木之根既植而柯葉自茂此理也亦勢也張子曰君天下者必先正己其亦可謂知本之論矣。愚古人堯惟克明俊德而正已於先故萬邦協和之治舜惟濬哲文明而恭己無爲故四方有風動之化下及三代聖王之治之盛亦未有不自正已中來者後世不究其本而專事於末瑣瑣於程書衡石之間而欲功高五帝眛眛於窮兵黷武之爲而欲治比唐虞噫其亦不思之甚矣

表

擬

賀平胡表 永樂十二年

陸深

同考試官訓導朱 批 能悉親征偉績有如目睹其事者非但長於四六而已

同考試官教諭江 批 表得體

同考試官學正吳 批 表語皆有根據非掇拾成章者可也

考試官侍講劉 批 嚴則

考試官左諭德王 批 典重

永樂十二年八月初　日具官臣某等言

伏覩前月初五日

詔書

大駕親御六飛北征胡寇已於六月初七日大

破虜衆於殺胡鎮者臣某等誠歡誠忭頓

首頓首伏以

春生秋殺兩儀收闔闢之功霆擊風馳萬

里廓妖氛之氣

聖人無外

王師有征故周宣興六月之師而商宗有三年
之旅惟窮北之醜虜實同化外之苗民
雖歷代羈縻以為常在有宋憑陵之已甚
高皇帝闢乾坤於再造正夷夏之大防驅之北
歸絕其南寇雖嘗薄伐竟不窮追恭惟
皇帝陛下
文武聖神
剛健中正
嗣承大統九伐以靖域中

丕顯洪謨一怒而安天下
仁恩溥博車書會同舞干羽於兩階執三帥
者萬國蠢茲左衽犯我朔方
聖心尚冀其改圖每勤撫諭夷性終迷於習染
猶肆穿窬兵出有名事非獲已六軍齊奮
氣横千里之虹霓
萬乘親行
怒赫九天之雷電季春戡鬼遂度居庸六月
生明爰次雙海師徒效命正東人懸之時

炎暑助虐復值天亡之日斡乾綱而轉坤
軸運
神謀之不窮莅中國而撫四夷見
仁者之無敵穽中餓虎曾無掉尾之憐釜底游
魚尚作揚鬐之態初遇噞口已若燎毛翻
戰殺胡遂成破竹鼠竄狼奔之莫及禽投
草薙以無遺得聲罪致討之宜匪黷武窮
兵之舉腥膻既滌膺沐維新許其欵塞之
誠恢我包荒之量頒師振旅陋漢武之疊

臺息戰興農恥秦皇之築塞除殘宄於往
古雪積恥於前王率土騰歡普天稱慶臣
某等欣候凱旋而舞蹈恭攄賀臆以颺言
遙望
翠華六龍翼其至止肅瞻
紫極萬象拱於無為伏覩
偃武修文啓萬年之盛治
制禮作樂開百代之弘規自兹虎韔之藏求
睹鳳儀之化臣等無任瞻

天仰
聖喜躍屏營之至謹奉表稱
賀以
聞
第叁場
策五道
第一問
陸深
同考試官訓導朱　批

聖祖垂訓之嚴貽謀之遠默寓於豐儉之中此作能得之且詞氣春容鋪敘典雅眞善寫

國家之盛者得士君此庶幾可以仰副
當宁側席之意於萬一矣

同考試官教諭江
批　豐儉各適其宜我
聖祖同符堯舜者端在於此是作條暢詳明敷陳的確亦當仰窺
聖意而有得焉者也

同考試官學正吳
批
聖祖開國創業凡所言所行無一不可訓諸後者此策於鋪張揚厲之中

不忘警戒箴規之意執此

聞之於

上未必無萬一之助也

考試官侍講劉 批 因都邑之成而貽謀垂訓我

聖祖之意恐不出此是策能敷揚之無遺是豈凡近之識者耶

考試官右諭德王 批 奢儉殊途而興敗者此予於

皇祖創業安大處竊見其昭儉戒奢之意非有卓然之識者不能如此篇

張也

惟天祐德惟皇作辟創富有之業於一時

貽
盛德之訓於萬世蓋業不富則無所承於前
訓不貽則無所啓於後鴻業創於前而
儉之德以昭燕翼貽於後而
儉之訓攸寓此我
聖祖創業垂統之功所以匹美帝王而垂休令
古也有由然哉請因明問而陳之我
太祖膺五百作聖之期紹中國帝王之統由
儉德以興邦昭

儉德以貽訓觀其指
宮中隙地四此非不可以起亭館臺榭爲
遊觀之所誠不忍傷民之財勞民之力由
是而觀雖堯之茅茨禹之卑宮其德蓋與
之異世而同符者及今八閩都邑之成而
命江繪諸圖也
宮殿府衛之尊嚴祠宇部署之森列創符
山之園建聚寶之樓所以仁惠烝黎而無
忘賓旅焉又無不宏日麗焉盛區奧壤發

天地之秘藏乾圓坤方窮鬼神之幽巧執
事所謂蓬萊天上可聞而不可見若固有
之矣然其為役也不過藉勝國府庫之餘
用雖侈而官不知費財矣傷乎脫閭閻如
燬之虐役雖勤而心樂於事民矣勞乎由
是使萬世而下
聖子神孫安其居必有以思其功思其功必思
以保其業隆
宮殿之尊必曰以

聖祖奉天勤民之所也去就無常可不思所以
保之觀府部之居必曰此
聖祖儲官建治之所也臧否或濫可不思所以
厲之十廟之嚴所以崇尚忠烈以祀先賢
者於是焉修之而凡佛老無益之祀不得
以干吾典戎衛之列所以居重馭輕以宿
禁旅者於是焉飭之而凡弛備玩寇之事
不得以怠吾志以至樹桐漆以利海運此
仁之形於一事者耳當廣之以及於天下

建十樓以待賓客此愛之著於逆旅者耳
當推之以及於無外凡若此者無一事而
非
聖慮之所形無一事而非
聖訓之所在又況使自是而
君者但知有
總理萬機之勤
天位惟艱之謹於是而爲天下愛民力惜財
費也於是而念創業之難守成之不易也

則土木之侈固有不必於營度而增崇之者矣由是以觀今之
巨殿崇宮即茅茨卑宮之心而祠觧園囿
即致厚神人之意但堯禹之儉止於一身
而遂泯我
聖祖之德訓諸萬世而有承此又不可以同日
而語者矣愚生叨生形勝之都仰窺
聖意自謂似有得於彷彿者明問所及敢不敷
揚以對

第二問

方鵬

同考試官訓導林　批　性理一策正欲觀士子窮理之學場中多為所窘此篇能會衆說而折衷之豈識有契於心者歟得士如此校文之責可少逭矣

同考試官學正何　批　理學難於辨析是篇言之獨詳盡非究心於内者不能也

考試官侍講劉　批　作性理文字能如此亦難矣

考試官右諭德王　批　究性大意此策得之

有造道之言有明道之言言而能造夫道言之至者也自非明道之君子孰能昭晰之而無疑哉慨自孔孟既沒而聖人之道不明自秦而漢而唐世之言性理者未嘗無人然或語上而遺下或語氣而遺理紛紜舛錯莫知指歸而性理之學不明於世千有餘年矣有宋隆興眞儒輩出濂溪周子作太極圖以明天道無聲無臭之妙横渠張子作西銘以明人物理一分殊之旨

而性理之學復明當時象山陸氏疑無極
論於老氏之虛無而朱子力辯其非龜山
楊氏疑西銘同於墨氏之兼愛而程子屢
釋其惑於是二書之旨粲然大明於世蓋
程朱二子之功也至明道程子稟渾然天
成之資蘊誠明自得之學作爲定性一書
發明性學之妙真可與太極西銘二書相
爲表裏張子乃有疑焉者其意以爲性具
於內而物接於外定性未能不動則猶累

於外物是有意於絶外物而定其内程子之意以爲性乃萬物之一源初無内外之間必内外合一動静皆定則應物之際自然不累於物若惟静時能定則動時必見誘於物矣蓋張子之學強探力索之意多不若程子之學從容涵泳之味洽此所以不能無惑於其言也至紫陽朱子獨能深探其立言之旨默契其所言之與見於論辯稱述者不一而足蓋其知之也深故其

言之也切其門人勉齋黃氏則又於其間區分彙別析為古段無非因其所已言而發其所未言也愚請合程朱二子之言而統論是書之旨有綱領焉有條理焉所謂廓然而大公者靜而能定性之具於內仁之所以為體也所謂物來而順應者動而能定性之形於外義之所以為用也此二言者乃定性之深旨一書之大綱即此而推廣之盖物未感而大公則不蔽於自私

易之貞吉悔亡艮其背而不獲其身也原
夫天地聖人之所以普萬物順萬事者不
以其大公乎物物既感而順應則不牽於用
智非易之憧憧往來與惡夫智而鑿於私
也求諸天地聖人之所以無心無情者不
以其順應乎他如當喜而喜當怒而怒聖
人之自然而定天下之動貞夫一也忘怒
則公觀理則順衆人之未至於定所以自
反而去蔽之方也　首佳乙

讀定性之

書則凡所謂綱領之大條理之實函動靜之功微表裏之妙該始終之全一以貫之而無遺其於程子立言之旨思過半矣抑論是書之旨析而言之雖有七段合而言之不越二言蓋太公者寂然不動太極之體所以立順應者感而遂通太極之用所以行而西銘一理之所以為仁分殊之所以為義亦此意也程子之言何嘗不與太極西銘相表裏乎至勉齋黃氏則又以不

絕乎物不累乎物之二言發明此書之大意蓋不絕乎物即廓然大公之謂不累乎物即物來順應之謂而朱子所謂仁之所以爲體義之所以爲用亦此意也黃氏之言又何嘗不與程朱二子相發明乎噫非程子造道之深則不能爲是書非朱子見道之切則不能知是書是則張子之疑得程子而始釋程子之道得朱子而益明三子可謂太有功於性理之學而黃氏亦庶

幾乎揚其波而助其瀾者也愚生為科舉而來其所誦習者科舉之業而於性理之輿茫乎未測其涯涘姑掇拾平日所誦習者以為執事復

第三問

周用

同考試官教諭陳　批　區盡我

國家大務周悉無遺非素有留精於此者亦何能及此然則吾子之其經濟之才乎此宜高薦

同考試官學正趙　批

漕運

宗藩

國家之大事也荅者類能言之而切當者少此作敷演詳悉議論明白

且處置得宜公輔之器經綸之才也讀之令人凜然

考試官侍講劉　批

漕運制祿二事識

今日重務而難於處者塲中士子每每以迂談僻議炫耀耳目求其實

用則未也此策言論平正鑿鑿可行當道者誠能采

而用之或者有少裨乎

考試官右諭德王　批

如此重事以子能區畫之不特

宜於今亦可施之於後吾知天下事槩於其心者久

矣

法有宜於時者而處之不可以不詳勢有大於後者而謀之不可以不預蓋轉漕之有通塞時之所不免也宗藩寖以昌大勢之所必至也立法制祿烏可不因時勢之宜而處之周詳謀之久遠哉然此蓋

廟堂大議也執事不鄙寒畯而發策詢及

豈不以布衣而論天下事在古人亦嘗有
行之者乎愚請得而陳之哉
國家撫有輿圖之廣而有
京師焉
宗廟乘輿之奉百官兵吏之需計其歲費何啻
鉅萬哉而東南漕賦十居七八然天時不
測之虞淺舟覆溺之患時或有之矣誠能
嚴其禁令而疏濬之以時戒其卒徒而推
覈之必慎則盜患庶其可免乎頃聞有河

決之變然
令官審方畧之宜功成積歳月之久前日漕
決固已變而爲安流矣然淺生迂見尚有
說焉盖事變每出於不虞而謀畫當審於
素定審今日之謀參古人之論則裴耀卿
置倉之言是一謀也劉晏轉運之方是一
謀也前元海運之利是亦一謀也顧在人
所以用之者何如耳執事謂漢唐嘗轉山
東江淮之穀於關中漢昭帝嘗減漕止漕

於民間國用既易充而舟行亦甚易蓋當時所供者不多所用者有限較之後世固不同也舟行皆長江大河而又隨處運轉較今日之漕渠亦不同也則古之異於今者豈徒然哉外而有

宗藩焉藉其維垣屏翰之功成泰山磐石之固計其封土何啻什百哉而食租衣稅歲增萬千加之賦則民力不堪抑其制則

國用不給均之不可也誠使其酌量有限之

入裁節無益之費則國用庶其可充乎後雖有茅土之增自百世以傳於萬世由千億以及於萬億則財賦夙備國無有不給者矣然淺生迂見亦有説焉蓋天地有自然之利為國不可無理財之方誠能製銅楮之幣以折其祿入之少或歲一行之可也或再歲一行之可也或三五歲一行之亦可也顧在人所以處之者何若耳執事又謂周有天下兄弟之

國十有五人同姓之國四十人爵五品而
別三等公侯百里伯七十里子男五十里
不足者為附庸凡為國二千有八百蓋當
時以一人而君一國其地甚小也以一國
而奉一君所供甚薄也則今之不同於古
者豈無謂哉夫事立其本則道自生治得
其本則行可久然則節儉者其生財足國
之本乎誠使為人上者撙節儉用不以泥
沙而棄錙銖之數不以有限而供無益之

費將見歲漕可省而廪庾多陳紅之積
國用日富而府庫餘山海之藏矣狂瞽之言
未知是否幸執事進而教之

第四問

汪玄錫

同考試官教諭王　批　敢以言感人問已落第二義言而不切亦奚以言為此策於致災弭災處一歸之人而言頗槪切曾無一詞有司之意必嘗慕晁董之為人者將來效用於時遇事有當言者幸毋渝是心

考試官侍講劉　批　天灾流行何代無之所貴者
上下交儆弭此災祲折衷餘慎以君臣警戒相承為言今日之所以答
天戒致人和宜莫有切於此者要亦端本之論也
考試官右諭德王　批　修德弭灾此經生之常談然舍
是身無可為弭者噫求若而言又安知灾之不為福
耶
天心之仁愛人君也每寓於譴告之中人
君之承天心也亦謹於譴告之日則在我
之天可以格在天之天矣蓋天人之分雖

殊而感應之理則一故在天休咎之徵乃人事得失之徵也然則人君思所以承天心者可不盡其在我之天乎執事發策秋闈乃舉今日之灾異下詢諸生且以古人當朝廷無事之時尚舉四方逆賊風雨及水旱盜賊之事以為奏者導之使言此廟堂大臣之責顧愚何人而敢輒以此自處乎雖然嫠不恤緯而憂王室顧愚何人而敢不以此自處乎昔董仲舒曰天人相與

之際甚可畏也嗚呼人君者天地之宗子
而大臣則其家相也人君所畏惟天苟於
天之譴告而不復知所警畏則亦無所不
至矣將何以承天心而荅天戒也哉是故
恒暘之徵鳴雉之變天之譴告於商者甚
明矣成湯高宗惟知以天自畏而恐懼修
省之不暇卒之灾異消而商道日興其興
也非天也乃人也日月薄蝕霜降失節天
之譴告於周者甚切矣幽王厲王惟其不

知警懼而息惰荒寧之自若卒之殃禍作
而喪敗乃至其敗也乃人也非天也以此
觀之則真德秀所謂祥多而自恃者未必
不危異衆而知懼者未必不安顧人主所
以應之者何如正此意也孰謂灾異之來
不在我而在天耶孔子之作春秋紀十二
公之行事其間書大水者八居桓公之世
者二居莊公之世者三居宣公成公襄公
之世者各一考求其故非役重民嗟怨氣

欝結之故則陰盛陽微夷狄乘釁之徵盖
人事之失足以傷陰陽之和也呂不韋之
記月令載十二月之政令其間記大水者
三見於春令者一見於夏令者一見於秋
令者亦一推原其故或金水之氣所傷或
木土之氣所應盖時政之乖足以致陰沴
之災也以是觀之則執事所謂今日之災
異謂非人事之感召固不可謂其氣化之
適然尤不可夫乃天心仁愛人君之所致

小徒然也孰謂變異之至不在人而在天
耶執事未復以今日可以召天戒致人和
者下詢諸生愚以為禍走群望者禱祀也
禱祀非謝譴之誠戒飭群臣者言詞也言
詞豈感人之實譬如父母督過於其子而
屢形譴怒於詞色之間為人子者不能反
咎責躬起敬起孝以盡順親之道乃欲祈
鬼神以免禍假詞說以祈福吾見其祗益
父母之譴怒非惟福不可祈而怒將不可

解矣然則當如之何蓋必存祗懼之心以
畏天而一念不敢自肆敷弘大之仁以恤
下而一物不使失所上而
大君如成湯如高宗修德正事以盡繼承天地
之責下而大臣如魏相如李沆日陳儆戒
以盡輔佐大君之職君臣同心時幾是敕
吾見上可以格天下可以感人易譴告以
為悅豫轉災異而為禎祥或可冀也不然
天心之仁愛於我者亦或有時而渝矣草

茅賤士雖無廟堂之責而亦竊有江湖之憂不自覺其言之至此亦區區芹曝之誠也執事毋以為謬謬

第五問　　鄒覲

同考試官教諭陸　批　今天下事莫有要於禦戎者此策援古證今鑿鑿皆可見之於行非徒事紙上之陳言者即此可以占其有用之學矣

考試官侍講劉　批　折衷馭戎之策甚當雖使數君

者起而聞之亦或不以為過耒陳選將養兵二議雖

古今人常談要之必於可用固無有踰於此者也此

吾知子負用世之志亦久矣

考試官布諭德　批

古今言禦戎之策者甚多類略

以用之何如耳如此策籌果能致之於用豈無裨於

廟謨爲分之一十

天地有大界限中國有大紀綱山川障塞

華夷之界限也自有天地以來而茲形為

之造設內修外攘中國之紀綱也自有帝

王以來而此政爲之修舉修紀綱嚴界限
以不失乎中國之治此我
國家所以獨得乎上策而前代不能無等差
之別也歟請因明問而陳之夷狄爲中國
患也久矣中國爲夷狄備也亦多矣然其
爲策有得失之殊而議者無一定之論姑
因執事所舉周秦漢唐四君者而論之宣
王承幽厲之餘遭孔棘之難方是時上焉
有中興之君下焉有顯允之佐雖犂庭掃

穴繫頸笞背計無不可也而乃矻矻焉惟
以修復文武之紀綱是先臣定中國之人
民是務覩無怠無荒之政蓋庶幾也觀師
涇陽薄言示罰視干羽兩階之化蓋彷彿
也故劉貺所謂周得上策其意不能無見
而嚴尤乃屈而中之豈其然乎漢武負雄
武之略承孝文之業方是時中國方底於
乂安胡運適遭於衰激訓德修文息人固
境討為有得也而乃數數焉役無罪之人

快心於狼望之北好大喜功遂而不復也
輸有限之財欲填乎盧山之壑窮兵黷武
執而不改也劉貺所謂漢無策者其言蓋
有所本而嚴尤乃强而下之不其過乎始
皇之興也惑亡秦之讖安興城役而貽禍
蒼生之慘固有在也其為無策猶之漢耳
貺乃謂其有得於設險守國之義而稱之
為中策豈確論哉唐太宗雖致治之美可
方前古而較勝四夷之心固未忘也其為

無算酋之秦耳適因突厥頡利入貢之遂
而自稱為上策不自誣哉洪惟我
太祖高皇帝華胡運以
主中華
太宗文皇帝奮神武以清漠北始
建都金陵當天下財賦之衝繼
遷北平據形勝阨塞之地華夷界限截然
明白固已得上策矣然又撫馭有方而
威之攻行守在四夷而修攘之治嚴觀

我
聖祖祖訓有曰胡戎與西北邉境互相密邇累
世戰爭必選將練兵時謹備之我
太宗有曰好善惡惡人心所同豈閒於華夷撫
之有道未必不來
祖宗嚴於自備而柔以撫治如此
列聖相承守而無失然狼子野心尚恣猖獗嗣
歲興師至勤大將而選將養兵之要固有
不能不勞執事者之慮矣為今之計誠能

於選將也簡練於無事之時選任於有警
之日行伍可用也雖一軍皆驚而不以爲
異敗北可罰也雖揮淚刑之而不以爲慘
權任可專也雖謗書盈篋而不以爲疑如
此則所謂文武憲邦之才庶幾其可得乎
於養兵也䘏其疆埸征戍之勞鋒鏑危亡
之苦欲其知兵也則精簡練公賞罰以嚴
其教欲其勇敢也則禁朘削省工役以養
其銳欲其致死處也則豐衣廩篤恩信以

結其心如此則所謂子弟父兄之愛庶幾
其可致乎於是而又申飭疆圉之吏毋萌
邀功之私毋起毒民之釁服
祖宗之典章繼周宣之修攘畧秦漢唐三君者
之窮黷將見干羽之化形於因壘來王之
敬修於重譯
國家上策可以保之萬世而無虞矣曾見如
斯未知是否

應天府鄉試録後序

皇上踐祚之十有四年秋式當選
士之期應天府臣循故事以
考試官請
上命右諭德臣華侍講臣忠輟講
直往柄其事事竣録成臣忠
當有言序諸簡末竊念臣少

嘗從先臣遊茲土見山川蟠
踞之雄
城闕都邑之美曰地靈如此
不有豪傑俊乂之士起而鍾
其靈以當其盛者乎乃晉而
求其人與之遊時以勢位寡
弱延攬未廣其所見纔百千

之一二耳既而叨甲科官
侍從隔越南北者殆今二紀
于茲然懷賢覽勝之念勞於
馳想而感諸夢寐者往往乎
有在今幸以職事承
天子明命而來遡龍江循石城入
踐

都邑之境其山川風物恍若過里門瞻桑梓而歡悰喜意油然不能以自已及進而治考事焉其卷帙之浩繁論議之宏博才氣之英發辭藻之儁麗手披目覽應接不暇至有使人神竦氣奪而不能以

自逸昔之所謂求而未得者
一旦坐收其言論於几案之
前於是作而歎曰南都人才
其盛固如此哉昔人謂地靈
人傑孰謂其言有不足信哉
苐爲
所撿不能兼收博采以盡

一時之盛麟鳳網羅未能無遺憾焉雖然古稱建業爲東南都會在昔如六朝如南唐非不都於此也而覈考其作士之功萬有不逮

今日者蓋其土裂政厖三光五嶽之氣不完而其君之德又

不足以當其地之域故靈淑
之氣亦重惜固秘而莫肯為
之用洪惟我
太祖高皇帝
龍興淮服奄九有而
君之而江左列郡被化首先
列聖丕承以及

今上道德仁義之澤積於世世者日
益深地氣之靈者蓄益厚鍾
之於物且有瓌奇可愛其於
人也為豪為傑為俊乂之才
者固其宜哉夫人之才以地
氣而盛地之氣又以
王化而盛則爾諸士今日成

盛世之令名膺賢科之峻薦其
出於
上之賜也固較然矣烏可不感激
奮發洗磨淬礪而圖所以報
稱哉若徒被其
賜不知所感知所感又不求所
以為報豪傑俊乂之士固不

如是也幸勉之勿忽若今忠
之來也叨職事之榮得以續
江山之舊觀儐懷賢之風願
亦皆
上之賜也故於是侈言之葢亦所
以揚
休命而輸報忱耳豈敢徒為是喋

喋者以近於

瀆哉

翰林院侍　講劉忠謹序